太田垣章子

Ayako Ohtagaki

老後に住める家がない！

明日は我が身の〝漂流老人〟問題

ポプラ新書

183

はじめに

「賃貸か持ち家か」――。この論争、雑誌や広告でよく目にします。その度になぜか私は、いつも違和感を覚えていました。その理由は何なのだろう……。自分でも漠然としていて答えは見つからず、それでもいつももやもやしていたのです。

ある日ふと気が付きました。

この論争が成り立つためには、「借りたい」と思ったときに何歳でも借りられることが大前提であるということ。しかしながら高齢者にさしかかると、賃貸物件を借りることができにくくなります。その事実を語らずに、この対比はできない。だからしっくりこなかったのです。

2001年、私は司法書士となり、ふとしたことから賃貸トラブルに関する訴訟手続きに携わるようになりました。その数は延べ2300件を超えます。このジャンルで言えば、エキスパート的存在の一員かもしれません。そんな私でも、相手方が70歳を超えてくると「これは大変だ」と、解決するまで眠れない夜を過ごすようになります。

家賃を滞納している賃借人、建物を取り壊すので転居をお願いしなければならない賃借人。どちらにしても人はどこかに住まなければならないので転居先が必要なのですが、貸してくれる部屋が見つからないのです。

大手企業を勤め上げ、資産がある方でも、お身内が近くに住んでいる方でも、「高齢者」ということで部屋が借りられない現実があります。年齢を言ったとたん「難しいね」と断られてしまう、それが現状なのです。

私の仕事を終えるためには、必死になって次の棲家《すみか》を探さないといけません。見つけられなくて苦戦するから、寝られなくなってしまうのです。

「貸したくない」、そう思う家主も不動産会社も悪い訳ではないのです。消極的になってしまう理由を、私は他の誰よりも知っているつもりです。だから板挟みになるのです。貸したくないという思いは、決して責められる話ではありません。

賃貸借契約が相続されるということ、一般の方々はどれだけご存じでしょうか。

賃借権は相続されるのです。つまり身寄りのない単身高齢者が亡くなった場合、家主側は相続人を探し当て、その方と賃貸借契約を解除しなければなりません。この個人情報の取り扱いが厳しい世の中で、たとえ利害関係者であったとしても、相続人を探し当てるのは至難の業です。それを一般の家主は強いられるのです。もちろん解約手続きが終わるまで、お部屋を片付けることも次の入居者に貸すこともできません。

家族で親族の世話をしていた時代は遠い昔の話となり、高齢の賃借人のお世話を貸す側がしなければならないとなれば、それはさらに大変な負担となります。ここに相続の問題が加われば、できたら貸したくない、誰もがそう思っても仕方がないことなのです。


これから超高齢化社会に突入する日本。人には住まいが必要です。そして住まいは、人が生きる基盤となる場所です。高齢者になっても、住む場所は必要であり、そして重要なのです。それなのに国の整備は、現場の実情を知らな過ぎています。

貸す側も、そして借りる側も気持ちよくいられるように、国のサポートが絶対に必要です。そのためにも今起こっているこの実情を、しっかり知って欲しい。そして人々も関心を持って欲しいと思い、この本を書きました。
社会保障費が増えれば、現役世代の負担が増え、さらにはこれからの若者の未来を苦しめてしまいます。だからこの問題は、決して他人事《ひとごと》ではなく、日本国民全員の問題でもあるのです。

持ち家に住んでいる人も、無関係ではありません。ローン返済中に予期せぬハプニングが生じれば、その瞬間にこの問題は自分の身に降りかかってきます。終身雇用の時代から、あっという間に社会は激変しました。35年の住宅ローンを組んだものの、中高年でローンが支払えなくなる人が後をたちません。何があってもおかしくない時代でもあるのです。

無関心ほど怖いものはありません。どうか一人でも多くの方が、この問題を自分のこととして受け止め、夢ある日本を子どもたちに残すためにも、関心を持ち続けて欲しいと思います。この本がそのきっかけになれば、これほど嬉しいことはありません。

第5章　対談2　菅井敏之（元メガバンク支店長）　183

「一生賃貸」で生きるためのお金の知恵

第6章　今すぐ始めたい、「一生賃貸」のための「住活」　205

序章

資産を持つ元エリートビジネスマンが賃貸に住めなかった理由

持ち家VS賃貸

はじめにでも触れたように、さまざまなところで、ディベートの対象となるお題です。経済や不動産の雑誌でも、頻繁に取り上げられています。

それぞれにメリット、デメリットがあるのでしょう。

ローンの金利が低いから。将来的にも資産になるから。ライフスタイルによって住み替えできるから。気軽だから。自分仕様にリフォームもできるから。おそらく尽きることなく、あるはずです。

ただここで絶対的に見落としている点があります。

このディベートが成り立つのは、高齢になっても部屋が借りられるという大前提が不可欠であるということ。気軽に部屋を借りられる。だから持ち家か賃貸かという論争ができるのです。そもそも自由に借りられないなら、対比にはなりません。ところが残念ながら今日現在、高齢者は部屋が借りにくいという事実があります。つまり現状では、「持ち家VS賃貸」という対比は成り立ちません。

終《つい》の棲家《すみか》になる賃貸物件。これが借りられないとなると、高齢者はどうしたらいいのでしょうか。

悠々自適の元エリートビジネスマン

長年大手電気メーカーを勤め上げ、定年後悠々自適に持ち家で暮らしていた春山義男さん（73歳）ご夫妻。博多の中心街から少しバスで移動した住宅地に、40代で一戸建てを新築しました。住宅ローンはすでに完済。預貯金に退職金、さらに企業年金もあり、毎年夫婦で国内外の旅行も楽しんでいます。

奥様が70歳を超えて体調を崩され、ペースメーカーを入れるというハプニングも起きましたが、ある程度の年齢になるとそれは仕方がないこと。それまで義男さんは男子厨房に入らずの九州男児でしたが、家事も積極的にするようになり生活は一変。仕事オンリーの人生でしたが、家事もやってみると楽しいもの。育てあげた二人の子どもたちが独立した後、夫婦水入らずで過ごせる幸せを味わっていました。

思えば地元の国立大学を卒業し、日本の高度成長を支えた企業戦士でした。子育ても、すべて専業主婦の奥さん任せ。週休2日や有休消化なんてなんのその、人生の大半は仕事漬けでした。それでも日本の経済を、背負ってきた自負がありました。何よりも楽しかったのです。そうやって頑張って働いたからこそ子どもたちにも教育を受けさせ、大学を卒業させるまでサポートできました。その子どもたちもそれぞれ独立し、家庭を持ち、孫も生まれ今では正真正銘のおじいちゃんです。

上を見ればキリがないかもしれませんが、自分なりにエリート街道を歩んできた、そう思える人生でした。

それは、ある日突然起こった

インフルエンザが流行りだした11月、奥さんが感染してしまいました。予防接種を受けた時期が少し遅かったのでしょうか。それでも注射のお陰で、症状は軽くて済みました。

おかゆを作って食べさせ、食べ終わった食器を運んでいたときに、義男さんは絨毯の端に躓《つまず》き、その拍子に台所の流しで鼻を強打。勢いよく鼻血が噴き出しました。打った痛さで脳震盪《のうしんとう》なのか目がかすみ、気分まで悪くなってしまいました。椅子まで歩くこともできず、その場にしゃがみ込み、そして滴る血を見て驚愕。こんなに大量の血を見ることとなんてなかったので、ちょっとしたパニックになってしまいました。

助けを求めようにも、奥さんはインフルエンザ感染中。仕方なく床に寝転がり、気分が落ち着くまで待つしかありませんでした。鼻血は押さえるものの止まらず、手は真っ赤に染まっていました。口の中まで血の味がして、生きた心地がしなかったのです。

時間にして10分ほどでしょうか。数時間も恐怖と戦ったような感覚でしたが、やっと立ち上がることができました。どうやら鼻血も止まったようです。それでも血に染まった顔や手を洗う気力はなく、そのままソファになだれ込みました。

今までなら、絨毯の端で躓くことなんてありませんでした。仮に躓いても、派手に転ぶ前に手がでました。食器を持っていたとはいえ、そのまま顔を強打するだなんて、反射神経が鈍った証拠でしょう。義男さんは、自分の体の衰えに正直びっくりしていました。

今まで「まだまだ若い」と自負していたのです。孫も生まれた年齢だけれど、自分では病気がちな奥さんのサポートもできて衰えを感じることはありませんでした。

「これが老いというものなんだ……」

確実に老いに向かって生きていて、若返ることはありません。今は夫婦で生活できていますが、もし自分が寝込んでしまったらどうなるのでしょうか。そこまでに至らなくても、老々介護になっていくことは目に見えています。子どもたち二人は、それぞれ遠く関東に住んでいます。何かあっても、すぐに来られる距離ではありません。

今まで考えたこともなかった、高齢夫婦二人の生活の危うさ。

義男さんは初めて、これからのことを考えていかなければならない、そう思ったのです。

子どもたちの近くに引っ越そうか

奥さんのインフルエンザは、1週間もしたら完全に抜けた感がありました。今宵は久しぶりに奥さんの手料理で夕食です。

「なぁ、由美子の家の近くに越さないか」

あれからいろいろと考えた末、義男さんは埼玉県に嫁いだ娘さんの近くに行くことを提案しました。

「いきなりどうしたの?」

何の事情も知らない奥さんは、唐突な話に驚きを隠せません。

「これから老いていくなかで、いざという時に子どもたちの近くに住んだ方がいいと思ったんだよ。こっちで入院でもしたら、彼らだって来るのが大変だろうし。だったら子ども二人は関東にいるんだから、どちらかの近くだと便利かなと思ってさ。

それに何より由美子もパートで働きだしたんだから、子育ての手伝いもできるじゃないか」

義男さんに似てしっかり者の由美子さんは、両親のことが気になっていたのでしょう。親の気持ちを気遣って「子どもが二人になったから、手伝ってくれると嬉しいのよ」とよく口にしていました。

その頃は、まだ長年住み慣れたこの博多の地を離れることに抵抗がありました。それに自分たちの老いも感じていなかったので、転居なんて考えもしなかったのです。

「確かに近くだと、孫にもしょっちゅう会えるし、賑やかでもあるわね」

もともと子ども好きな奥さんは、娘や孫の近くに住めることにまんざらでもない様子です。

「この家はとりあえず残しておいて、あっちで賃貸に住んで、行ったり来たりもいいかもな。嫌になりゃ、戻ってくればいいんだから」

家ごと全部を引っ越しするとなると、荷物の整理やらも大変です。考えただけで、億劫《おっくう》になってしまいます。とりあえずこの家をそのまま残して移住をしてみて、よければその時にこの家の売却等を考えればいい。ちょっと住むだけなら、久しぶりにマンション生活も便利かもしれません。資金に余裕もあることから、お試し感覚で気軽に引っ越してみよう、そう思ったのです。

由美子さんの家は、埼玉県の川口市にあります。義男さんにとって通勤はもう関係ありませんが、せっかく関東に住むのなら旅行で行きたい場所はたくさんあります。アクセス重視で、駅近物件にしようと決めました。

そうと決まれば、即行動です。義男さんは手慣れた手つきでパソコンを操り、物件探しを始めました。今まで長い間一戸建てに住んでいたのです。あまり狭い部屋には、馴染みがありません。企業年金もあることから、家賃15万円前後のファミリー物件を中心に内覧希望を入れていきました。家を建ててから、部屋探しとは無縁の生活でした。だからちょっと新鮮な感じがして、新たな活力に繋がったような気がしたのです。

まさか、賃貸住宅を借りられない!?

ところが不動産会社に送った4件ほどの内覧希望は、数日経《た》っても反応がありません。メールを送ったのは木曜日なので、定休日で連絡が遅れているとも考えられません。パソコンでの作業だったので、何か手違いをしてしまったのかもしれません。義男さんは直接不動産会社に、電話をしてみることにしました。

そこで初めて、自分を否定されたような言葉を耳にしたのです。

「73歳じゃ、厳しいですね」

こちらの手続きミスではなく、先方は積極的に貸す意向がなかったのであえてコンタクトを取ってこなかったのです。

「それってどういうことですか?」

義男さんは、びっくりして聞き返しました。

「高齢者は家主さんが嫌がるんですよ」

そんなこと初めて耳にしました。

元気だし、経済力はあるし、社会的にも真っ当に生きてきました。まさか賃貸物件を借りられないだなんて。

「娘の近くに仮住まいするだけなんですよ」

それでも電話の向こうから、前向きな言葉は聞こえてきません。

「娘さん、お仕事されていますか？　あ、パートですか……。娘婿さんに収入があれば、その方に賃借人になってもらって、入居者に春山さんご夫妻というのはアリですが……。その上でご家族が頻繁に事故がないか連絡していただけるっていうことでしたら、家主さんに話してみてもいいですけれどね。それでも絶対大丈夫とは言えないですねぇ。最終的には家主さんが判断しますから。どこも同じだと思いますよ」

義男さんは自分が契約者になれない、そのことにショックを受けました。そんなこと考えたこともありませんでした。エリートという自負もありました。たかだか賃貸物件を借りるだけです。あまりの衝撃に、それ以上は何も言えずそのまま電話を切りました。

賃貸物件を借りるのは、経済面の審査だけだと思っていました。それなら申し分ありません。義男さんは大金持ちではありませんが、それなり以上に資産はあります。「断られる」だなんて、微塵も思ったことはありませんでした。仕事でも出世してきました。生まれて初めての挫折を味わったような気がしました。そして正直、プライドが許さなかったのです。

別の不動産会社に連絡してみようかとも思いましたが、「どこも同じ」と言われたので、これ以上「断られる」のは耐えられないと思いました。

どの部屋がいいだろうか……そう思いながら物件を探していた自分が道化師のようで、怒りとともに笑いがこみ上げてきてしまいました。

2、3日義男さんは、賃貸物件のことを考えたくもありませんでした。人生で初めて味わった屈辱を、思い出したくもなかったのです。

「いつ頃、埼玉に物件を見に行くの？」

奥さんに無邪気に声をかけられて、義男さんはどう答えていいのか困ってしまいました。それでも引っ越しを楽しみにしている奥さんに、嘘を言う訳にはいきません。

正直に伝えると、奥さんも驚いた様子でした。

「そんなことってあるかしら……」

そう言えば、妹の娘が不動産会社に勤務していたはずです。

「姪っ子に聞いてみるわ」

「そんなこと、ない、なぁーい」

その言葉を期待していたのに、やはり義男さんが受けた回答と同じような反応でした。

高齢者、ただそれだけで部屋は貸してもらいにくいとのこと。夫婦だからまだましで、単身者はさらに難しいということでした。

安くて狭くて空室が長引いている物件なら貸してもらえる可能性は高くなりますが、義男さんが望んだようなグレードの高いファミリータイプはかなり厳しいようでした。

資産があっても、配偶者がいても賃貸借契約を結べない

あの不動産会社だけじゃなかったんだ。

義男さんは、初めて知った事実に打ちのめされました。資産があっても、貸してもらえない。賃貸借契約の当事者になれない、そのことが本当にショックだったのです。義男さんだけじゃない、人は皆老いるのに、高齢ということが理由で部屋を貸してもらえない。年齢という自分の努力ではどうにもならないことが原因となれば、もはやなす術《すべ》はありません。

義男さんはこれ以上、自分を否定されることに耐えられませんでした。借りることは諦め、物件を購入することにしました。現金一括で購入すれば、なんら問題はありません。むしろ「良い顧客」として、対応してもらえます。優越感も得られます。借りたいと言ったときの邪険な反応とは、大違いです。

「春山さま、この物件などいかがですか？」

その接客が、義男さんの傷ついた自尊心を満たしてくれました。

幸い春山さん夫妻の気に入ったマンションが見つかり、今は福岡と埼玉の2拠点生活。旅行や孫の世話で、ご夫妻は楽しく忙しい日々を過ごしています。分譲マンションで、言葉を交わすような友人もできました。何ひとつ不満のない生活です。ただ時折、近所に建つ賃貸物件の「入居者募集」の看板を見るたびに、あの時の苦々しい感情を思い出すのです。

「たまたま自分は買えた。でもそうでない人は、どうなるのか？がむしゃらに働いて国を支えてきた。けれどその高齢者に、国は何をしてくれるのか……」

この思いは、いつまで経っても消えそうにはありません。

残念ながら義男さんが賃貸物件を借りられなかったのは、決してたまたまなのではなく、残念ながら今の賃貸業界の現状です。「あり得ない」と思ってしまいますが、これが現実なのです。

ではなぜ、高齢者は部屋を借りられないのでしょうか。

第1章

だから借りられない！ 不動産現場のリアルな実態

本当に高齢者は部屋を借りられないのか

本当に高齢者は、賃貸物件を借りられないのでしょうか。

国立社会保障・人口問題研究所が発表した2018年人口推計によると、65歳以上の人口の割合は2015年が26・6％（約4人に1人の割合）であるのに対し、30年後の2045年には36・8％（約3人に1人）の割合になり、75歳以上の人口は同様に12・8％から21・4％に増加します。とりわけ単身高齢者世帯数は、2015年は601万世帯であるのに対し、20年後の2035年には762万世帯まで増加が見込まれています。当然、賃貸物件を借りたいと思う人も増えてくるはずです。

今現在、賃貸物件に住んでいる人たちはそのまま賃貸物件に住みたいと思うでしょうし、仮に持ち家だとしても、住み続けられるだけの環境（家の耐久性と生活費の確保）が整っているかどうかも疑問です。どこかの段階で、持ち家を維持できなくなったら、売却して賃貸物件に住み替えるという選択肢も出てくるかもしれません。その時に借りられないとしたら、どうなっていくのでしょう。

2018年12月、全国宅地建物取引業協会連合会（全宅連）は、モニター会員及びメルマガ会員に、高齢者に対するWEB調査をしました。同時に不動産会社だけでなく家主の声も聞くために、私は全国の家主に同じ内容でWEB調査をしました。全宅連は355サンプル。家主の方は491サンプルです。

この調査からも、高齢者が賃貸業界から歓迎されていないことが浮き彫りになりました。急速に増加する高齢者。おのずと借りる層も高齢化になり、現在の入居者の年齢層も、高くなっていくことは間違いありません。それでも「できたら貸したくない」、そう思っている不動産会社・家主が大半です。

高齢者世帯を積極的に受け入れているか

積極的に高齢者を受け入れていると回答した事業者は、たったの7・6％。そうではない理由は「大家の理解が得られないから（得られていないから）」が51・5％。その他「自社にとっての手間暇がかかるから」と「自社にとってリスクがあるから」を合わせると25・0％にもなります。

一方、家主の方は17・9％が、積極的に受け入れています。これは事業者より10％ほど高い数字です。その理由は滞納さえなければ退去が少なく、「長期安定経営になるから」が83・0％。続いて「社会貢献になるから」が58・0％、「空室だと困るから」が53・4％でした。

家主の方が賃貸経営が事業である以上、避けられない、もしくは高齢者世帯の諸事情により貸してもいいと思っているようです。

一方受け入れに関して、消極的である・受け入れていないでは、家主の方は合わせて26・7％。これに対して事業者の方は36・3％でした。やはり家主より事業者の方が、高齢者の受け入れに対して消極的でした。

この数字からすると、事業者は「大家の理解が得られないから」という理由で貸したくないようですが、家主側とは少しズレがあるようです。

自主管理の家主以外、直接トラブルの対応をするのは管理を担当する会社。そのため実際に高齢者によって日々の迷惑を被るのは、事業者だからでしょう。家主は事故物件となり金銭的な被害を受けない限り、日々の対応は管理会社にしてもらえるので、空室よりはいいと考え高齢者に部屋を貸す。一方の事業者は、同じ管理手数料で手間暇かかる高齢者を避けたいので、消極的にならざるを得ないということでしょう。

また管理会社からすると、家主を説得して高齢者に貸して、何か大きなトラブルになったときに、自分たちの責任を問われるのが怖いので、窓口の段階で断るということもあるかもしれません。

具体的に高齢者が入居すると、どのようなトラブルがあるのでしょうか。

- 高齢者の認知症が進み、実質面倒をみなければならない
- 家族が対応しない（言ってもしてくれない）
- 共有部分で失禁・糞尿をする（制御できない）
- 電球を替えられない、テレビが映らなくなった（ただのコンセント抜け）、エアコンのリモコンが反応しない（ただの電池切れ）等ですぐに呼び出される
- 大きな音でテレビをつける（耳が遠い）ため、他の入居者とトラブルになる
- 室内が汚部屋になる（片付けられなくなる）
- 隣人に金の無心をしたり、被害妄想で留守中に誰かが入室したと近隣や警察に迷惑をかける
- 小火《ぼや》程度だが火事を引き起こした
- 隣人との生活スタイルの違いから、生活音トラブルとなる

120件以上のトラブル事例が回答されていましたが、読んでいて持って行き場のないやるせなさが募りました。誰が悪いのでもないけれど、高齢者のお世話を民間の不動産事業者が対応するのはあまりにも大変です。ひと昔前までは家族が対応していたことを、民間の賃貸住宅の管理会社や家主がサポートをしなければならないとすると、彼らができれば避けたいと思うのは仕方がないことかもしれません。

一方、事業者・家主とも50％以上が、「高齢者世帯の諸状況により判断している」としています。これは近隣に身内がいる場合や、事故物件にならないように身内が高齢者の見守りをする、生活のサポートをするといったケースでしょう。ただこれだけの条件が揃っていたとしても、半数近くは諸事情関係なくただ貸したくないと思っているとも言えます。

若いときは連帯保証人の代わりに家賃保証会社を利用すれば、賃貸物件は借りられます。ところが高齢になってくると家賃保証会社だけではなく、身元引受人的な存在がいなければ借りられなくなってしまう状況は否めません。

兄弟姉妹の人数が減り、おひとりさまや子どもがいない家庭が増えてくる現代社会では、実質頼れる身内がいないケースは増えています。そういった人たちが高齢者になったとき、事実上部屋が借りられないという現実に向き合うことになります。しかしながらその時には、すでに知力も気力も財力も体力も、若い頃に比べれば低下しているはず。そうなると転居したいけれどできない、そうなりかねません。

借りる側も現状を知って60代で終の棲家を見つけて引っ越しするなど、早めに対処することが必要かもしれません。

孤独死がやっぱり怖い

事業者側が主張する大家の理解を得られない理由は、「孤独死の恐れがあるから」が89・3％といちばん多く、手間やリスクも「孤独死した場合の対応」が87・8％と最も高い数字となっています。人は必ずどこかで死ぬ生き物ですが、やはり貸す側にとって「孤独死」は最大のリスクとなっているようです。

●家族が相続放棄してしまったので、荷物の処分に手間暇がかかってしまった

今後ますます増える

人口1000人あたりの認知症患者数は？

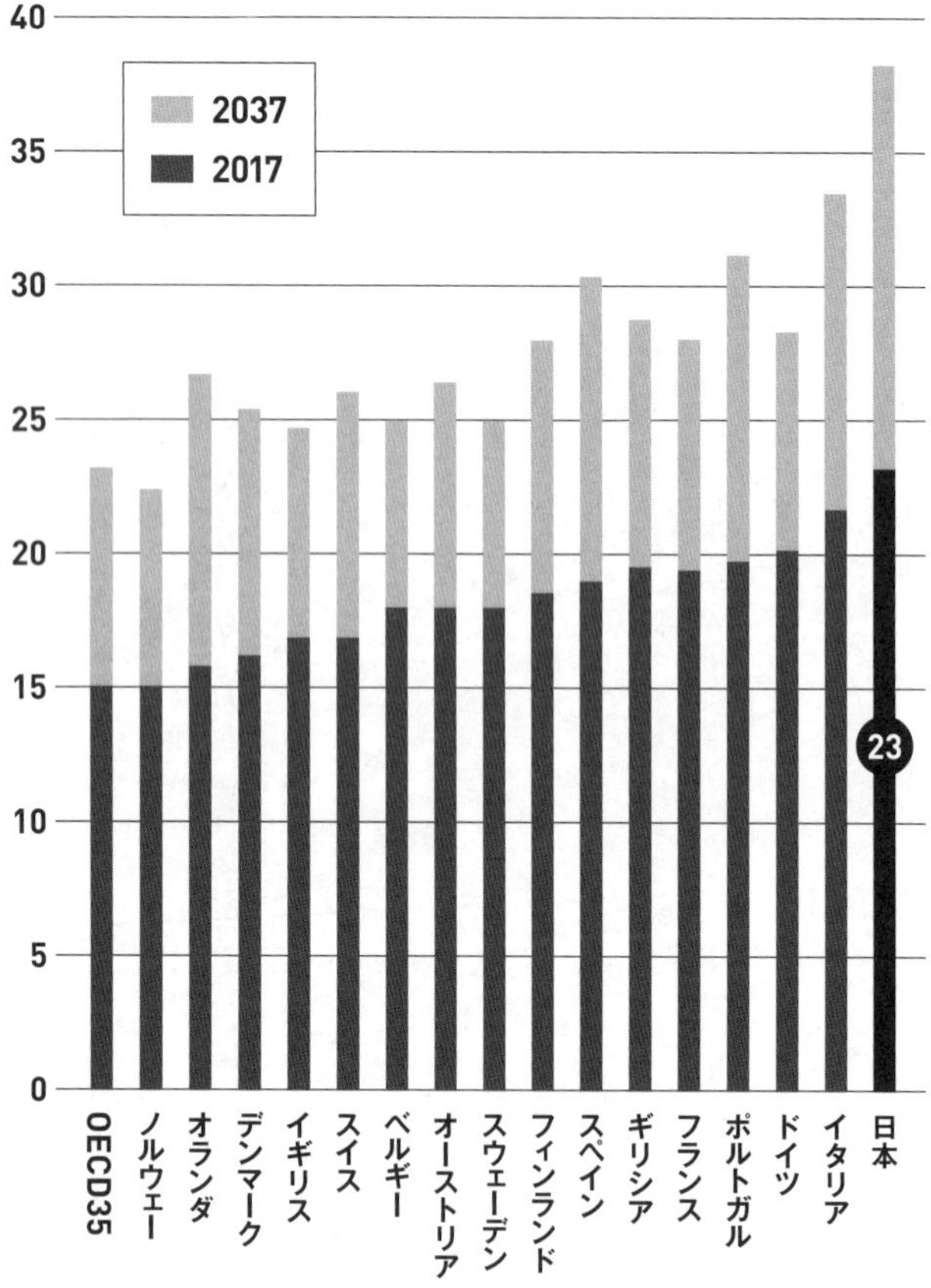

出典：OECD　analysis of data from the World Alzheimer Report 2015 and the United Nations.

日本人は人口対比で認知症が多く、

国別・年齢階層別に見た認知症有病率

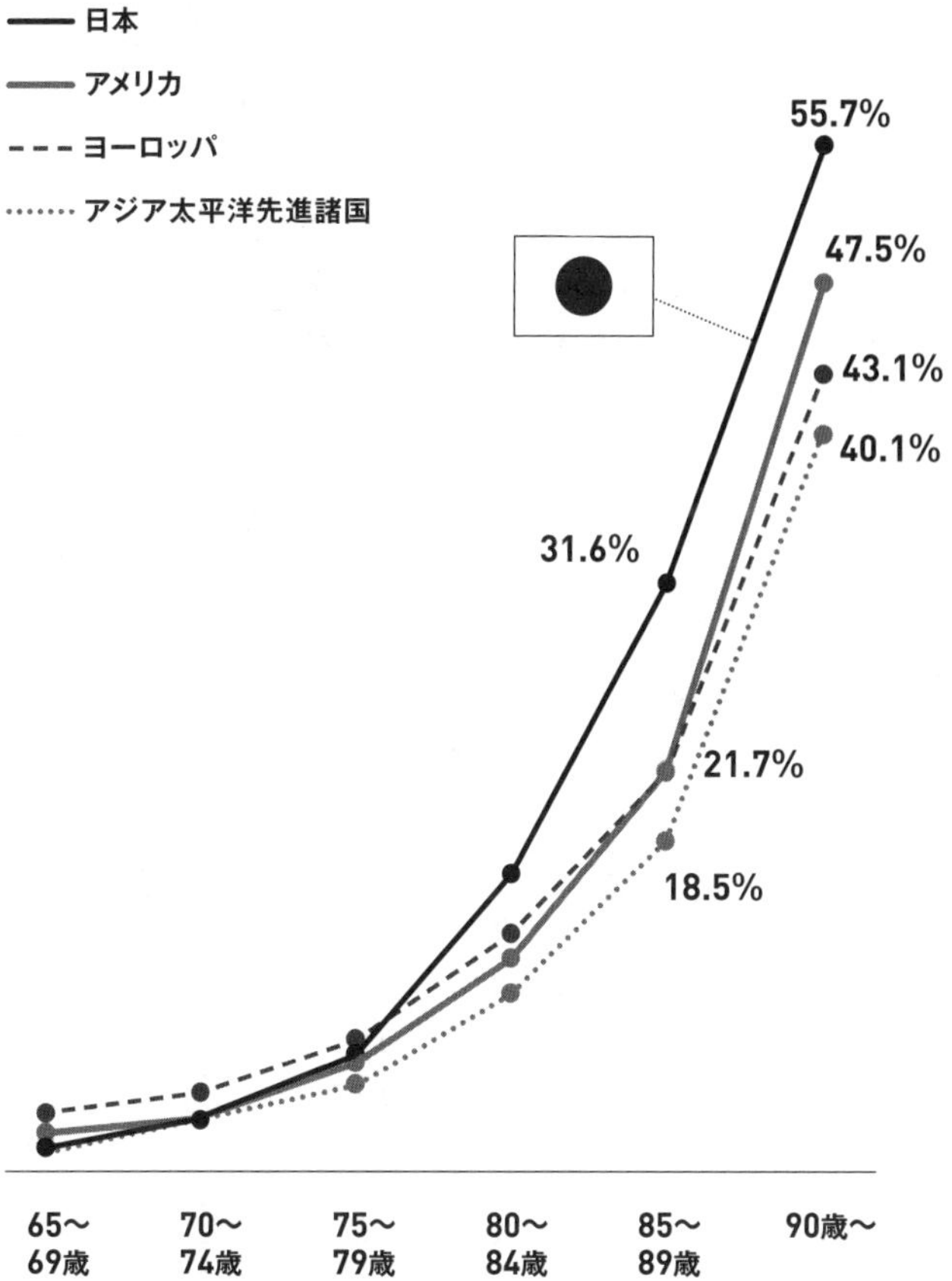

出典：WHO　DEMENTIA(2012)、「認知症高齢者の日常生活自立度」Ⅱ以上の高齢者数について

●遺品整理に多額の費用と時間がかかってしまった（家主負担）
●死臭や痕跡が残り、次の借り手が見つからず建物取り壊しとなった
●生活保護受給者だったが、亡くなった日からの家賃補助は打ち切られ、室内の家財道具撤去費用も負担してもらえなかった
●遺品の引き取りにこない、連帯保証人（遺族）は無視
●病死であっても近隣から耳に入るので募集で告知すると入居申し込みがない
●病死判定だと賃料減額が発生しても保証人に責任を問えない（家主負担）

ここでも家族の協力が得られないことからの結果と窺えます。仮に亡くなったとしても、すぐに見つけられれば原状回復費用も多額にはかかりません。荷物の撤去費用も、狭い部屋で荷物が半端なく多くなければ、20万円ほどで事足りるはずです。それでも知らぬ顔をする家族が多いのです。そうなると結局、負担することになるのは家主です。さらにその金額もさることながら、ここで阻むのは法律の壁でしょう。

賃借権は財産であるため、相続の対象となります。そのため普通賃貸借契約や定期

建物賃貸借契約の契約期間中に賃借人が亡くなった場合、賃貸借契約は相続人との間で継続している状況になります。そのため家主側は相続人全員と契約を解約するか、あるいは全相続人が相続放棄するかでないと、契約を終わらすことはできません。

賃借人が亡くなった場合、家主はまず相続人全員を探していかねばなりません。戸籍等の収集も、個人情報保護法から厳しくなり、個人で取得しようとなるとかなりの知識や労力が必要です。

やっと相続人を確定できたとしても、その相続人が行方不明の場合はどうなるでしょうか。この場合でも直ちに契約が終了するわけではなく、民法上は利害関係人または検察官が家庭裁判所に相続財産管理人の選任を申し立て、家庭裁判所が選任した相続財産管理人が、相続財産の管理と相続人の調査をすることになっています。

この相続財産管理人は、相続人が行方不明のケースだけでなく、相続人が相続放棄してしまい、次順位の相続人がまた相続放棄して、相続人が誰もいなくなったという場合も含みます。相続財産管理人が選任されるということは、相続人を探せなかった（いなくなった）ということなので、通常は賃借人が亡くなってから1年近くかかっていることも多く、当然にしてその間の賃料報酬も得られません。

さらにやっと選任されたとしても、相続財産管理人はボランティアではないため、亡くなった方の資産から相続財産管理人としての報酬分が得られないとなると辞任せざるを得なくなることもあり、実質家主側は何もできないことにもなりかねません。

賃貸借契約だけではありません。お亡くなりになった場合、その瞬間に部屋の中の物もすべて相続人の財産となります。家主側が勝手に撤去してしまうことは、他人の物である以上許されません。荷物を全部撤去してから亡くなる賃借人なぞ、まずいないでしょう。そうすると荷物は相続人に引き取ってもらうか、処分の同意を得ることが必要となります。

そもそも入居の高齢者にしっかりとしたお身内がいれば、孤独死ということも起きないでしょう。お部屋の中で亡くなったとしても、すぐに見つけてあげられるはずです。その上できちんと部屋の中のものを撤去して、「お世話になりました」と明け渡してくれるでしょう。要はそうしてくれない環境だから、家主側は困るのです。

一方、相続人からすると、協力したいけどできないという問題点もあります。賃貸借契約の解約や荷物の処分が単純承認とみなされ、その後、相続放棄ができなくなる可能性もあるというハードルです。

縁が薄くなると、亡くなった賃借人が多額の借金を抱えていたという事情も把握できていないこともあるでしょう。亡くなる前に、家賃を滞納しているかもしれません。プラスの財産がなさそうだなと思えば、後から借金取りがきたら怖いから、保身のために相続放棄をしたいという相続人も少なくありません。

ただ相続放棄という手続きは、財産を受けるか放棄するかの2択しかありません。財産を処分したりすると、それはいったん相続人が財産を相続した上でのこととみなされるので、相続放棄はできなくなります。賃貸借契約の解除も、財産の処分とみなされるので、原則はその後の相続放棄はできなくなります。この点は、単純承認としなくてもいいのではという学説上の争いはありますが、少し知識のある人なら「放棄ができなくなる」という可能性から関わりません、という結論に至ることが多いのです。その結果、家主側はとても困ることになるという堂々巡りです。

仮に荷物の処分を同意してくれたとしても、撤去の費用まで負担する相続人はほとんどいないでしょう。そうなるとその費用は家主負担にならざるを得ず、これが高齢者を受け入れない要因のひとつであることは間違いありません。

私が賃貸トラブルに携わり始めた17年前、夜逃げされた部屋の中に骨壺がそのまま残されていたことに驚きました。しかし近年、骨壺、遺影、位牌が部屋にそのまま残されているという事件は、年間2桁数あります。全国規模に換算すると、かなりの数ではないでしょうか。強制執行の補助をする業者は、これらを勝手に処分できないため年に1、2回自らの費用でお寺に引き取ってもらうと言います。

電車の網棚にも、骨壺を忘れ物として放置。JRでは落とし物の種類としては、上位にくるようです。さらに納骨のため、全国から宅配便でお寺に送られてくる時代でもあります。それだけ家族の縁が薄くなったということでしょう。亡くなった後の遺骨さえ放置される世知辛い世の中で、契約の解約手続きや部屋の片付けなど望めないのも仕方がないことかもしれません。だからと言って、その負担を民間の家主が背負うということもおかしな話です。

国は知事の認可を受けた場合だけ、終身建物賃貸借契約を認めています。その特徴として賃貸借契約は相続されず、賃借人が亡くなった場合には終了するというものです。同居の配偶者や60歳以上の親族は、賃借人が亡くなった後でも継続的に居住することが可能となっていて、単身者以外にも配慮されています。

家主側にとっては、無用な建物賃貸借契約の長期化を避けることができるので良いのですが、無条件に許される訳ではありません。認可を受けた物件だけが許される契約です。ところが広さやバリアフリー等の規制や、申請にかかる添付書面の煩雑さから、創設から20年近く経ち、２０１８年９月に改正された以降も認可実績はほとんどありません。全国賃貸住宅経営者協会連合会の推計によると、２０１３年時点での認可を受けた民間賃貸住宅は、全体の約０・06％にしか過ぎなかったのです。

家主や事業者が「相続されたときの煩雑さ」が理由で高齢者を拒むなら、条件をつけずに終身建物賃貸借契約を認めればいいと私は思っています。法は賃借人に不利なことは無効としているため、契約は相続されるのが原則です。ただ今の世の中、借りる側にとって、自分一代で契約が終了することはどれだけ不利な要因なのでしょうか。賃借人も状況はそれぞれなので、借りるときに自由に選べたらいいのでは、そう思うのです。
たとえば、
①終身建物賃貸借契約
②配偶者や同居の親族は契約を相続
③従来通り相続
この中からそれぞれの自由意思で選択ができるなら、借りる側も負担がないし、貸す側のリスクもかなり軽減されます。

私も賃貸物件に住んでいますが、亡くなったときに契約が相続されるのではなく、むしろ終了していただきたい、心からそう思います。終わらなければ、結局離れて住む息子に手続きをしてもらうしかないからです。子どもには迷惑かけたくありません。同じように感じている方も、少なからずいらっしゃるのではないでしょうか。
ところが法務省は、「相続人と契約の解約手続きをとればいい」と考えているようで、終身建物賃貸借契約は、認可を受けた物件のみという限られた場合にしか認められていません。身寄りのない賃借人の相続人を探し出す、これがどれだけ民間の家主にとって負担なことか、知っていただきたいです。仮に探し出されたとしても相続放棄されてしまえば、解約の手続きはできません。終結するまで、次の賃借人を得ることもできません。

これから急速に超高齢化社会に突入する日本は、早期に現場の声を吸い上げ、法改正していくことが必要ではないでしょうか。

孤独死と事故物件

事業者より家主の方が高齢者を受け入れるという回答が多いのは、先にも書いた直接の対応を管理会社が担当してくれるため、家主自身が高齢入居者の対応そのもののしんどさを分かっていないのではという懸念があります。また亡くなったときの賃貸借契約の相続と残置物の問題も、しっかりと認識していない可能性もあります。今の高齢者は持ち家比率が高く、自分が貸した部屋で高齢の入居者が亡くなった、という経験がある家主はまだそう多くないのかもしれません。

しかしながら核家族化が進み、賃貸物件に住んでいる中高年があと10年20年もすれば立派な高齢者になり、亡くなることももっと多くなってくるでしょう。今回の調査の中には、実際に賃借人の孤独死を経験された家主さんの声も寄せられていますが、家主としてこれが他人事でなくなる日はそう遠くない未来にやってくるのです。

●浴室で孤独死が発生。死亡翌日には発見されたので、病死でもあることから告知事項ではないと思います。ただ入居後知ることになるのは明らかなため、告知していいます。家賃を下げ、浴槽も交換しましたが未だ空室のままです。このような経験をすると、高齢者への紹介に二の足を踏んでしまいます。

●孤独死が発生。身寄りがなくご遺体の対処、賃料滞納、リフォーム費用等々多額の負担がかかった。風評もあり賃料を下げても、その後の入居者を確保できず。不動産の売却依頼を受けたが売れず、とても苦労した。

●木造2階建てアパートにて、独居の高齢女性が浴室で死亡。原因は心不全だった。お盆の時期で母親と連絡が取れないと、ご子息が入室確認して死亡が発覚。死後2週間くらいで、夏場だったので臭いがきつかった。残置物などは、処理業者に依頼して処分。ただ腐敗臭が残ったため、賃貸住居として貸すことは不可能だった。他の部屋の入居者もその事件後、徐々に退去が進んで空室募集ができない状況。その後家主の希望もあって募集しなかった。全室空室になった後、建物は解体して現在更地。もともと家主が貸さないと言っていたにもかかわらず、その死亡した女性がどうしても借りたいと申し出があって貸したという経緯があったので、家主は今後中高年の単身者には貸さないと方向性を明確にした。

そもそも今現在、事故物件の明確な定義がありません。事件や自殺であれば告知義務が発生し、病死の場合には告知しなければならないのかという疑問もあります。ただ入居者から「知っていれば借りなかった」と言われないために、告知しているのが慣習でしょう。

ただ告知するとなると、次の入居者を確保できなかったり、賃料を下げるなど資産価値が下がってしまうことから、家主側の負担は少なくありません。日本人はとかく死に対して否定的ですが、人は必ず亡くなります。

家主の回答の中には、そもそも事故物件化したときに曖昧な根拠を元に所有者が金銭的負担・資産価値低下を強いられる現状がおかしいという意見もありました。同じく裁判所の「賃貸目的物に関する重要な事項には、賃貸目的物の物理的欠陥のほか、賃貸目的物にまつわる嫌悪すべき歴史的背景等に起因する心理的欠陥も含まれる」とする判例そのものが非科学的で問題であり、事故物件化させないためにも高齢者等を排除せざるを得ないという声もたくさんありました。高齢者が部屋を借りられない状況を打破するためにも、事故物件の定義の制定や認識を変えていく必要もあるかもしれません。

また事故物件にならずとも、次のような問題もありました。

高齢者に貸したが、途中で高齢者施設との併用となり、どこの施設に行っているのか分からない。ケアセンターに確認しても、プライバシー保護を盾に連絡先を教えてもらえず、今も生死すら分からない状態。住民票を取得するにも役所はさまざまなものを要求して、なかなか取得させてもらえない。

特別養護施設へ突然の移動で、夜逃げ状態になる。行政が管理会社、貸主に何の連絡もなく移動させてしまった。その後、弁護士から一方的に動産放棄の連絡と、自己破産の通知がきた。滞納分の未回収だけでなく、荷物の撤去費用まで負担することになった。1年に3回ありました。そのいずれも親族からの支援がない方でした。連帯保証人に連絡したが、支払いが困難ということで、結局回収不能に陥った。建物の解約の手続きだけできたという感じ。行政へも相談したが、仕方がないのではと言われてしまった。

今後、高齢者が賃貸物件に住むことも多く想定される中、やはり民間の家主だけがリスクを背負わされることはあまりに酷だと思います。社会福祉協議会や地域包括支援センターを始め、行政とも連携し、社会全体が高齢者をサポートするという姿勢が絶対条件となります。関わる法律家たちも依頼者の利益だけでなく「部屋を貸してくれていた」恩義に対して、対応の仕方も考慮しなければならないのではとも感じました。

第2章 高齢者が賃貸住宅に住めないリアルな実態

家主側にとって高齢者の賃借人は、いったん入居すると若い人ほど引っ越しすることがなく、結果として長期入居してくれる優良な存在である一方、さまざまなトラブルを引き起こす存在でもあります。もちろん若い世代に何もトラブルがない訳ではありませんが、確率的には高齢者の方が負担を強いられることは否めません。

賃貸業がビジネスならば、リスクがあるのも当然としても、相手方が高齢者の場合、事務的に法律だけでの解決ができないこともたくさんあります。

たとえば賃借人に、家賃を滞納されてしまった場合。話し合いで解決できなかったとしても、訴訟手続きで明け渡しの判決をもらい、最終的には強制執行の手続きで滞納者を強制的に退去させることができます。

ところが高齢者の場合には、判決はもらえても執行官が「この高齢者を追い出して、果たして生きていけるのか……」と躊躇《ためら》ってしまうと、執行してくれない場合もあるのです。そうなると家主は、家賃を払ってもらえない、仕方がないから訴訟をする、判決をもらって強制執行を申し立てる、でも出て行ってもらえないという最悪の事態となってしまいます。

また何かあったときに話し合いがうまくできず、早期に解決しようと思うと、家主だから管理会社だからという以前に、事例のように人としての手間暇を求められることも少なくありません。空室が長期化して困り果てているという状況以外は、高齢者に部屋を貸したくないと思うことは仕方がないことかもしれません。

万引きを繰り返す老人

手ぶらで歩いて外出しては、自転車に乗って帰ってくる賃借人がいました。賃借人の名前は、鮎川健一郎（73歳）さん。身寄りもなく、一人でこの長屋の1軒に住んでいます。

4軒長屋の建物は、築60年以上。設備も古いため、鮎川さん以外の3軒は、新しい部屋へと転居していきました。不動産は生き物とはよく言ったもので、4軒中1軒しか使われていないせいか築年以上に建物は傷み、今にも崩れ落ちそうな勢いでした。

鮎川さんが乗って帰ってきた自転車は、長屋と隣の家とのフェンスの隙間に次々と置かれていきます。狭い敷地に建っている長屋なので、置けるスペースは限られていて、あっという間に隙間がなくなるほど自転車で埋め尽くされてしまいます。そうすると次からは自転車の2段重ね。自転車の上に、自転車が。さながら自転車のテトリスのようでした。

そもそもこの自転車、鮎川さんはなぜ乗って帰ってくるのでしょうか。

無造作に積まれて使われていない状況から推測すると、「欲しかったから」「乗りたいから」という理由ではなさそうです。


盗難届が出された自転車を捜すため、警察の方は何度もこの自転車館を確認しに来られました。重なりあった中から探し出すのは至難の業ですが、それでも何台かは埋もれていたのです。ただその自転車が、誰かが盗んでその場に置いたのか、それとも鮎川さん自身が盗んだのか、決定的証拠もないため逮捕はされず警察も様子を見るということでした。

敷地の反対側は細い路地になっていて、通る人々から「積み上げられた自転車のせいで見通しが悪い」などの苦情まで来るようにもなりました。

警察がしょっちゅう自転車を確認しに来る、近隣からもクレームが来るでは、家主もたまったものじゃありません。何とか退去させられないかという相談を受けました。

話を聞いてみると、鮎川さんはこの長屋が建てられた時からの賃借人。40㎡ほどの部屋に、母親と二人で住んでいました。お母さんは20年ほど前に亡くなり、以来鮎川さん一人がここで日々過ごしています。おそらく一度も結婚はしていないのでしょう。若い頃にどこで働いていたのか、どんな仕事をしていたのか、家主は知りません。

理由は家主側の世代交代です。5年ほど前の相続で、この不動産を取得したのですが、それまでの対応はすべて先代の家主。管理会社を通さず自主管理だったので、当事者以外は何も分からず、引き継ぎもないまま亡くなってしまいました。

そのため家主は親から不動産を取得し、賃貸人たる地位を承継しながら、契約書に記載されていること以外は何も分からなかったのです。

家主が相続した段階ですでに鮎川さん以外は空室状態だったので、取り壊したいと申し出ましたが「先代の家主さんは、そんなこと言っていなかった。相続で受けたからって、すぐに出ていけとは何たることか」と反論されてそのままになってしまっていました。

敷地に自転車が積まれるようになったのは、それから1、2年経った頃です。

73歳と言えば年金世代ですが、鮎川さん自身がきちんと受給しているのか定かではありません。というのも家賃の支払いがまちまちで、安定的な収入があるとは思えなかったのです。日本の高度成長を支えた世代ですが、年金を納めていなかったのでしょうか。

自転車が増えてくるのと同時に、家賃も払われたり払われなかったり。もしかしたら若干の認知症も、入っていたかもしれません。気が付いたら5万円の家賃のところ、滞納額はすでに70万円を超えていました。

そこで家賃を払っていないことを理由に、建物明け渡しの手続きを進めていくことにしました。

鮎川さんはこちらからの書面を受け取っても、何も言ってきませんでした。私が会いに行っても、不在なのか居留守を使われているのか、一向にコンタクトが取れません。置手紙をしても、事務所に連絡もありませんでした。

この間にも敷地内の自転車は、日に日に増えていっていました。

訴訟の日まであと1週間ほどに迫った頃、家主から「鮎川さんが警察にいるらしい」との連絡が入りました。どうやらスーパーで総菜を万引きしたところを、店員に見つかってしまったようです。

警察から家主に連絡があったのは、家主に「身元引受人になってくれないか」という依頼。家主は訴訟手続きにまでこじれている最中なので「店子《たなこ》であることは間違いないけれど、関わりたくない」と断りました。鮎川さんには、身元引受人になってくれる親族はいなかったということでしょうか。

結局、万引きした商品の代金が少額だったこともあって、鮎川さんは自転車館となった部屋に、何事もなかったかのようにすぐ戻ってきました。

数日後の裁判の日、鮎川さんは自分の言い分を述べる答弁書も出さず、裁判所にも出廷せずで、明け渡しの判決は言い渡されました。このまま明け渡してもらえなければ、強制執行せざるを得ません。何とか任意に明け渡してもらえるよう鮎川さんのところに通いましたが、結局会うことはできませんでした。

家主は強制執行することを、選択しました。

強制執行で室内の荷物が撤去される日、鮎川さんは不在でした。執行官は室内に立ち入り、補助の人たちの手で荷物がどんどん運び出されます。40㎡ほどの室内のどこにこれだけの物が収まっていたのか、そう不思議に感じるほど物が出てきます。

たとえばテニスボール。スーパーの買い物かご5つ分ほどありました。ビニール傘。使えないような物も含めて、60本以上はあったでしょうか。スーパーの買い物かごも、何カ所かのスーパーから持ち帰ったのか、種類の違うものを合わせて30個ほどもありました。ゴルフボールも、ゴロゴロとスーパーのかごに入っています。自転車は3段に重ねられたところもあり、狭い敷地ながら建物をぐるっと囲むように80台ほどが置かれていました。これまでも何度か市が自転車を撤去したこともあるので、結局鮎川さんは百台単位の自転車に乗って帰ってきたことになります。

「収集癖だな……」

執行官が呟《つぶや》いたその時、新たな自転車に乗った鮎川さんが戻ってきました。

「鮎川さん？　今日、強制執行って知っていた？　もう部屋には入れないよ」

執行官が声をかけましたが、鮎川さんから反応はありません。一瞬現場は凍りつきました。完全に認知症なら、強制執行するかどうかの判断になるからです。

「どないしたん？」

緊張感で固まった空気を、一人のおばちゃんの声が打ち破ります。

「もう家入られへんねん」

鮎川さんは事態を把握しているようです。今までずっと無言だったのに、顔見知りの女性とは話をするようです。

「ほな、ウチの家おいで」

そう声をかけられ、拍子抜けするほど簡単に、次の住処が見つかりました。

執行官が身の回りの物を持っていかなくてもいいのかと声をかけましたが、その問いかけも届かなかったのでしょうか。鮎川さんは、まさに着の身着のままの状態で、自転車館を後にしました。

自転車が取り除かれた長屋は、その全貌が露呈され、今にも崩れ落ちそうな勢いでした。

家主は滞納された家賃の回収も期待できず、鮎川さんに退去してもらうために訴訟と強制執行の手間と費用がかかりましたが、それでも近隣に迷惑をかけることなく終えられたことにホッとしたようでした。

「建物は、阪神大震災でもダメージ受けただろうからね。倒壊でもしたら大変。自転車だってあれだけ積まれたら、廃墟と思われて放火でもされたら一大事だったから。相続で不動産を承継したけど、正直、面倒なことを押し付けられた気がしますよ。とにかくすぐに取り壊します。それからどうするかは、ゆっくり考えます」

新米家主にとっては、強烈パンチだったのでしょう。やっと解決して、心から喜んでいるようでした。

「自分もこの長屋の家賃収入で大学まで行かせてもらったのだろうから、軽く賃貸経営っていいなと思っていましたが、建物も入居者も歳とっていくってこと、初めて分かりましたよ」

そう言ってホッとしていた家主は、建物が取り壊された頃に、また警察から電話を受けることになるのです。家主から連絡先を聞いた警察は、私のところに電話をかけてきました。

「鮎川さんが万引きを繰り返していまして」

警察ではご飯も出してくれる、警察官も万引きに関して怒りはするものの対応してくれる、だからスーパーで安価な食べるものを万引きしては、警察に捕まることを繰り返しているようです。

「住んでいる家も、ある日突然に追い出されたと言っているのですが……。建て替えか何かですか？」

ついて行った女性宅からは、すでに出ちゃったということでしょうか。

「建て替えと言うよりは、鮎川さんが長年家賃滞納されていたので、それで裁判をしました。ご退去いただいたのは、法に則《のっと》って強制執行の手続きですよ」

警察官も「そら、そうですよね……」とため息交じりの回答です。

「定住している家がないみたいです。それで頻繁に万引きしては、署に来て。

生活保護とか申請して、住まいとお金を確保してくれるといいのですが、何度言っても役所に行かないんですよね」

警察も老人施設ではないので、警察でご飯を食べるために万引きを繰り返されたら、たまったものじゃないでしょう。万引きをして、警察で取り調べを受け、帰されたとしても、その足で万引きをしてまた警察に連絡があるようです。

行き場がなく、それでいて必要な情報が必要な人に届いていないのか、もしくは本人が「生活保護だけは受けたくない」と思っているのでしょうか。

警察や刑務所が老人施設のようになってきていると聞きます。夜中の110番は「淋しい」という電話も多いとのこと。どのような時間であっても電話に出てくれて、とりあえずは対応してくれる……誰かと繋がりたいと、淋しい思いをしている高齢者の最後の砦なのでしょうか。

「とりあえず最期に関わる前に退去してもらえて、本当に良かった」

そう安堵した家主。民間の家主が、背負う問題ではありません。それでも国の体制も整っていない中で、複雑な思いが残ってしまいます。

退去手続きしないまま姿を消した高齢者

「建物が古いから取り壊して新しく建てたいけれど、行方不明の入居者がいて困っています。助けてください」

川崎市の家主から声をかけられたのは、春先でした。物件も見ておきたかったので、家主の事業所に出向きました。

隣接していたのが、今回取り壊す予定だという木造アパート。2階建てですが、さすがに古さが目立ちます。赤茶けたトタン板のような壁は、ところどころ劣化で穴まで開いていました。計8戸のアパートに、現在はたった2組の高齢者しか住んでいない状況でした。

「井上さんを見かけないけど、引っ越したの？」

家主はアパートの1階に住む村山雄一さん（71歳）から言われて初めて、井上さんが長い間戻ってきていないことに気が付いたのです。

まさか室内で何かあった？

一瞬家主と村山さんの脳裏をかすめましたが、臭いも何もなかったのでおそらくいなくなってしまったんだろうという結論に至りました。

退去手続きしないままどこかに行ってしまった井上さんは、普段から年に数カ月単位で遠方の工事現場で働く生活をしていたので、家主も気が付かなかったとのこと。そう言えば、見かけなくなったのはこの1年。同時に家賃もこの1年ほど入っていませんでした。

井上さんはこのアパートが新築のときから約50年、ずっと一人で住んでいました。この間、家賃を滞納することもなく、何かクレームを言ってくるでもなく、顔を合わせば挨拶する程度で、さして会話もなかったことから井上さんの情報はほとんどありません。契約書もいちばん最初の古いまま。契約当初の書面以外、他には何も残っていませんでした。

「ちゃんと手続きをして、出て行ったと思っていたよ。ただ荷物運びだしている様子もなかったしなぁ。声かけてくれないなんて水臭いなぁって思っていたんだよね」

村山さんも、事の成り行きに驚いた様子でした。

2階はもともと井上さんしか住んでいなかったので、使われていない階段は錆びて抜けそうな状態です。そろりそろりと家主と上がってみました。

いちばん手前の部屋が、井上さんが住んでいた201号室。表札はそのまま掛かっていました。

古いタイプのドアでポストがついていたので、指でポストを押してみると室内が僅かに見えました。靴は何足か転がっています。部屋の奥にも、ブラウン管のテレビや脱ぎ捨てた衣服も見えました。

もぬけの殻という訳ではなさそうです。

挨拶する仲だった井上さんが、荷物を置いたまままいなくなってしまったことに、家主は肩を落としていました。

手続きをするにあたって、井上さんの住民票を請求してみました。ところが川崎市のアパートには該当なし。井上さんは半世紀近くも住んでいながら、住所は別の場所にあったようです。ならばと契約書記載の住所に請求しても、これまた該当なし。これは契約書に記載された住所と建物の住所、このどちらにも住民登録がない、もしくは昔はあったけれど異動したあと役所の保存期間が経過してデータが残っていないという状況です。もともと入居時に運転免許証や住民票等の公的書面が何もないので、これ以上井上さんの住所を探し当てることはできません。

もしかしたら「井上」という名前すら、偽名ということもあり得ます。今となれば、確かなことは何もないという状況でした。

井上さんがいなくなった原因は、何だったのでしょうか。

認知症になって徘徊しているうちに分からなくなったのか、自分の意思で失踪したのか、何かの事故で部屋に戻れなくなったのか、もはや誰にも分かりません。

ただライフラインは止まり、家賃が1年以上滞り、そして滞納が始まった頃から誰も姿を見かけることはなくなった、その事実だけです。

最終的に、家主は明け渡しを受けるための手続きをとることを選択しました。

井上さんの手続きと並行して、この建物に残った村山さんと有村啓介さん（74歳）

の立ち退き交渉が始まりました。

お二人とも以前住んでいたアパートが建て替えになって、一緒にこのアパートに引っ越してきました。それからまだ6年しか経っていません。

「またか……。そうだよね、建物も古くなっているからね。ただまた物件探しが大変だ」

建物が古いので、ある程度は覚悟されている様子でした。ただ前回のときも高齢・単身者・身寄りがないという条件から部屋探しが難航したため、気持ちは重くのしかかります。考え込む表情から、途方に暮れている様子がうかがえました。

「もうずっとこの町に住んでいるから、今更別のところになんて行けない。俺らも探すけど、家主さんの方でも貸してくれるとこ探してよ」

村山さんがそう言うと、横で聞いていた有村さんも力強く頷いていました。

古い建物には、必ず高齢者が住んでいます。若い人たちは、やれWi-Fiだ、宅配ボックスだ、オートロックだとハイスペックを求めるので、転居していきます。建て替えのときには、おのずと高齢者が立ち退き交渉の相手方になる確率が高くなります。しかも、高齢者はなかなか部屋を貸してもらえないため、またしても古くて安い物件、空室で困っている物件に入居することになります。ところがやれやれとやっと入居できても、建物の寿命の方が先にきてしまい、結果としてまた転居を余儀なくされるということにも繋がるのです。長期で住みたいという高齢者の思いは、物件側の事情と相まってなかなか成就しません。

村山さんも有村さんも、高齢ながらまだビルの夜間の警備や畳職人としてお仕事をされていました。今のアパートに転居されてからはもちろんですが、以前のお住まいのときも、滞納なんて一度もありません。家主側からすると、その点ではとても安心できる賃借人であることは間違いありません。

ただお二人とも独身で、親しくしている親族もいないということでした。

万が一のことがあったときに……この問題が、重くのしかかります。

幸い、お二人がお住まいの場所は、数名の大地主さんが賃貸物件をたくさん持っているエリアでもありました。同時に治安も良く、一度住みだすとなかなか別の場所に転居していかないほど、人情溢れる下町の良さも兼ね備えた場所でもあります。このエリアなら、何とか新居が見つかるんじゃないか、私の心も逸《はや》ります。

きちんと家賃を支払ってくれる実績のあるこのお二人のため、新居探しが始まりました。

不動産会社に問い合わせても、きっと年齢や条件で門前払いになってしまいます。こうなれば仕方ありません。直接、家主さんにアタックしていきました。

村山さんたちは、まだお仕事をされてお元気であること。今まで一度も滞納をされたことがないということ。お人柄も温厚で、他の入居者の方々と一度もトラブルがないこと。ここは前のめりになりながらでも、一生懸命に訴えるしかありません。

するとあまりの勢いに押されたのか、家主のお一人が空いているお部屋をご紹介くださいました。残念ながらどのお部屋もそこそこ築年数が経っているので、いずれまた取り壊しの話がでるかもしれません。

「その時は、その時で考えます。とにかく今は、1日でも元気で迷惑かけないように頑張るしかないねえ」

新居の候補があることをお伝えすると、村山さんも有村さんもとりあえずホッとされた様子でした。

紫陽花が雨で色濃くなる頃、井上さんの事件は明け渡しの判決が言い渡され、強制執行手続きが行われました。

部屋の中には数足の靴。古い小さなテレビ。薄っぺらい布団が無造作に敷かれ、その上には春物の掛布団。やはり井上さんは、去年の夏に入る前にいなくなってしまったのでしょう。その他には数枚の衣服と、コンロの上のヤカンくらいしか残っていませんでした。

生活している中で、忽然《こつぜん》と姿を消したというよりは、やはり必要な物だけ持って、ご自身の意思で出て行ったというような印象でした。

「一言さ、出て行くから部屋の物は処分してくださいって言ってくれれば、こっちで処分するのに。そうしたら要らぬ費用もかからないのにね。長年住んでくれていたから文句は言いたくないけれど、どうして黙って出て行ったりするのかな。たった一言で済むことなのに。僕は、隣の建物にいるのに」

家主の声は、切実でした。

賃貸借契約が継続している以上、仮に家賃を滞納されていたとしても、家主側は勝手に室内に入ることはできません。まして賃借人側の荷物を処分することもできません。賃貸借を終了します。部屋を明け渡しますと一言言ってくれれば、家主は余分な費用をかけずに済むのです。荷物を捨てるのが面倒なら、「処分して」と言えば（もしくは置手紙でもあれば）、家主側は処分できるのです。たった一言さえあれば……。それがなければ、訴訟手続きで解決するしか、家主側にはなす術はありません。

同じ頃、有村さん、続いて村山さんがそれぞれの新居に引っ越して行かれました。

「井上さんのことを目の当たりにすると、いかに自分が迷惑かけないように準備しなきゃいけないのかってことが分かったよ。部屋貸してくれる家主さんに、迷惑かけられないよね」

部屋の立ち退きで文句も言いたいところ、二人は一言も家主を責めることもせず、むしろ転居先を見つけてくれたことに感謝していました。以前にも立ち退きを経験され、高齢者の一人住まいがいかに難しいかを身をもってご存じだからかもしれません。

家主だって、絶対に貸したくない訳ではないのです。ただ若い人たちより簡単に解決できない問題が多い分、躊躇してしまうのも仕方がありません。

だからこそ借りる側も、精一杯迷惑をかけない心がけが必要ではないのでしょうか。

「賃借人が亡くなりました」

69歳のお父さんと、まだ20代の息子さんとの二人住まいでした。もともとは奥さんも含めての三人家族でしたが、離婚して二人での生活になったようです。

お父さんの日下博さんは、ご自身で内装業を営んでいます。そのため道具がいっぱい積まれた車のために、駐車場も借りています。20代の徹さんは運転免許を持っていないのでしょうか。車を動かしている姿は、見たことがありません。内装業に興味を持てなかったのか、徹さんは家業を継がず、駅前の飲食店でアルバイトをしていました。

博さんは、穏やかで口数は少なく、いつも下を向いて歩いて元気がありません。

「なんだか体調が悪くてね」

夏の盛りにばったり出会った家主が声をかけると、弱々しい声が返ってきました。

自営業は体調の悪さが、すぐに家計に響きます。博さんの家賃の支払いが、少し遅れるようになってきました。払ったり払われなかったり。8万ちょっとの支払いが、分割で払われることもありました。

博さんの売り上げと、徹さんの収入を合算すれば、親子二人が払っていけない金額ではありません。家主は何度か督促に行きましたが、いつも二人に会えません。呼び鈴を鳴らしても、反応がないのです。仕方なく督促状をドアに挟みこむのですが、連絡が来ることはありませんでした。

秋口になると、博さんの車が動かない日が多くなりました。そして同時に、家賃も全く払われなくなっていったのです。ついに滞納額は20万円を超えるようになりました。博さんは体調を崩して、家で横になっているのでしょうか。車は薄《うっす》ら埃を纏《まと》うようになりました。

家主は家賃よりも博さんの体調が気になって、何とか息子の徹さんと連絡をとろうとアルバイト先の飲食店に行ってみました。しかし残念ながら、徹さんはすでに退職済み。どこか別のところで働き始めたのでしょうか。ますますこの親子が気になりますが、連絡が取れないために前に進めない日が続きました。

それから1カ月も経ったでしょうか。アパートの別の住人から、家主に連絡が入りました。

「なんかよく分からないけど、救急車が来ているよ。日下さんのところじゃないかなあ」

慌てて家主がアパートに行ってみると、救急車とパトカーが駐車場に停まっています。サイレンこそ鳴っていませんが赤色回転灯がくるくる回り、住民の方も集まって騒然としていました。問題になっているのは、確かに日下さんの部屋のようです。徹さんがドア付近で、茫然と立ちすくんでいました。

「ここの家主です。何があったのでしょうか？」

近くにいる救急隊員の方に声をかけると、日下さんが心肺停止の状態で見つかったようです。徹さんが朝家を出るときには、言葉を交わした、夕方戻ってきたら息をしていなかった、ということでした。

家主は徹さんのところに駆け寄って、声をかけました。

「大変だったね。心配していたんだよ。お父さん、ずっと体調崩していたの？」

その問いに徹さんは、小さく頷きます。

「仕事行かずよく家で寝ていたけど、でも今朝だって話していたんです。まさかこんなことになるとは……。家主さんからの手紙は分かっていたけれど、ちゃんと払える見込みがなかったので……。すみません」

徹さんはどうやら飲食店のアルバイトを辞めてからも、定職に就いていないようでした。

「これからどうするの？　ここの家賃も払えないでしょう？　結構滞納しているよ。安い部屋、探しなよ」

家主の言葉に、徹さんは無言でした。

心肺停止だった博さんは、病院で死亡が確認されました。いろいろと手続きもあるだろうし、家主はあまり徹さんを追い詰めるのもと思い、しばらくそっとしておくことにしました。

1カ月ほど経ったでしょうか。現地に行ってみると、集合ポストはチラシがぱんぱんで、もはや何も入らない状態です。

部屋のドアは少し開いています。呼び鈴を押すと、通電しておらず音は鳴りませんでした。

「日下さん……」

声をかけながらドアをゆっくり開けてみると、室内はゴミの山。この1カ月でこうなったとは、とても思えません。博さんが床に臥《ふ》せっていた頃から、室内は乱雑にゴミが溜まっていたのでしょう。

中に徹さんはいないようだったのでドアを閉め、家主は途方に暮れました。

ドアに鍵がかかっていないということは、徹さんはどこかに行ってしまったのでしょうか。

「私が突き放しすぎたのかもしれません」

相談に来られた家主は、ひどく落ち込んでいるご様子でした。

お父さんが亡くなって息子さん一人になったので、滞納していることだし転居した方がいいと、親心のつもりが、徹さんを追い詰めたと悔やんでいらっしゃいました。

さて、これからどうしましょうか……。

家主は「明け渡しの訴訟手続きをお願いします」と小さな声で呟きました。駐車場の車もそのままで、埃と黄砂で黒っぽい車がグレーにも見えるとのことでした。

早速住民票を取得してみると、徹さんの住所は異動されず、現地のままです。住民登録を残したまま、どこかに行ってしまったのでしょう。部屋のライフラインは、博さんが亡くなる前にすでに未払いで止められていました。


それから約3カ月経った頃、徹さんを相手とする明け渡しの判決は言い渡されました。それをもって部屋と車の強制執行です。

車はタイヤの空気は少なくなり、何カ月も動いておらず、主を失ってただの箱のように見えます。室内は、家主が以前に見た光景のまま。この間も、徹さんは戻ってきた様子はありません。

前回は入り口辺りから室内を眺めただけでしたが、執行で入ってみるとゴミは床から何層にも重ねられていました。そのほとんどはコンビニやスーパーで買ったお弁当や総菜の入っていた容器。それ以外にも洋服も入り乱れ、まともに床が見える部分がありません。

博さんが寝ていたであろう布団の上にも、ゴミ袋の塊が何個か転がっていました。博さんは亡くなる前、このゴミをどのような思いで眺めていたのでしょうか。息子の徹さんも、日に日に弱っていくお父さんを前に、少しでも衛生的にとは思わなかったのでしょうか。


結局、荷物が完全に撤去されるまで、徹さんとは連絡が取れないままとなりました。家主はここまでの滞納賃料や訴訟にかかる費用、強制執行にかかる費用、その全部を負担することになります。その額は軽く100万円を超えていました。

「費用もそうだけど、後味悪いよね。自分が息子さんを追い詰めたとも思っちゃうしね。そして何よりも、中高年になるといつ亡くなってもおかしくないんだなって。貸すことが怖くなるよね。これからはよく考えないと……」

そう言う家主は、代々の地主。もちろんこの費用の痛手は大きいでしょうが、まだもともとの資産から支払うことができました。もし投資家系の家主なら、家賃収入から借り入れの返済をしなければならず、これだけの損失は致命傷になるレベル。ひと昔前の「家主は金持ち、賃借人は貧乏」という構図は、あまりに現実とかけ離れています。

と同時に、高齢者が部屋を借りやすくするためにも、高齢者とその関係者のマナーも求められると感じます。

高齢者で怖いのは執行不能

74歳の山沖政則さんが家賃を滞納し始めたのは、この1年ほどでした。その1年前から払ったり、払わなかったりともたもたしていましたが、それでも督促すれば、何とか支払いは追い付いていたのです。それでもこの1年はまったく支払われず、滞納額は80万円を軽く超えていました。

もともと山沖さんはサラリーマンでした。40代でこの物件に転居してからは、ずっと一人での生活です。定年まで勤め上げたので、それなりに年金もあるはずなのに滞納が始まりました。

そう言えば、ここ数カ月、山沖さんはとても攻撃的になってきました。滞納の督促をしに行っても、とにかく喚《わめ》き散らします。別に物件の何かに不満を持っているようではありません。ただ怒鳴り、威嚇し、そしてドアも開けてくれません。

当たり前の家賃が、払ってもらえない。その上に大きな声を出されるのです。ただでさえ金銭の督促をする方はストレスが溜まるのに、こんな対応をされてしまうと帰り道、ほとほと心は弱ります。やっぱり費用を払ってでも専門家に任せた方がいいのか、家主はそう思い始めました。

「払ってもらえないことも辛いのですが、それよりも話ができないことに疲れてしまったんです」

相談に来られた家主は、憔悴《しょうすい》しきっていました。裁判をしようとする相手方は、かれこれ30年ほど住んでいる賃借人です。父親の代から借りている山沖さんに、出て行ってもらうというのは辛いことですが、話し合いができない以上仕方ないと決断しました。相談に来るまで、何日も夜も寝られなかったとのことでした。

手続きが始まっても、山沖さんは書面も受け取りません。年齢的なこともあり、次の転居先を自力で探せないのではと思い、現地に行ってみました。

築40年ほどの4軒長屋の右から2軒目が、山沖さんの住んでいる部屋でした。長屋の前には、それぞれの住民が物干し竿に所狭しと洗濯物を干していますが、山沖さんのところは何もかかっていません。雲ひとつない青空なのにです。これが妙に気にかかり、もしかしたら少し引きこもりがちなのかなと思いました。

呼び鈴を鳴らしてみると、通電しているようですが室内から反応はありません。留守かな、そう思っていたら、左隣の住人の女性が出てこられました。

「山沖さん、大丈夫なのかねえ。ここのところ洗濯物も干さないし、外に出ている様子もなくて。心配して声掛けたら、怒鳴るんだよね。昔はこんなんじゃなかったのよ。数年前に病気したからかなあ。ここの4軒は、皆仲良くてね。一緒にお酒飲むこともしていたのよ。男の人は、仕事辞めてしまうと、孤立しちゃうのかねえ。私たちがいるのにね」

80代と思われる女性は、心配そうに呟いていました。

確かに山沖さんは、しばらく部屋の外にも出ていないようです。昔から攻撃的な性格でなかったとするならば、認知症や鬱が山沖さんを変えていっているのかもしれません。

とりあえず手紙を引き戸に挟んで帰りましたが、その後も山沖さんからは連絡がありませんでした。

30年以上前の賃貸借契約には、連帯保証人としてお兄さんの存在がありました。滞納が始まったとき、家主が連絡をとろうと電話したけれど、すでにその番号では繋がりませんでした。月日も経っていることから、家主は連絡がとれなくても仕方がないと諦めていました。

更新ごとに契約書も書き換えていなかったので、今ある情報はもともとの契約書のみ。とりあえず住民票を請求してみました。

幸いにも山沖さんのお兄さんは最近お引っ越しをされたようで、住民票を辿って今の住所まで探し当てることができました。山沖さんの物件から、３駅ほど離れた住宅地です。いきなり手紙を送るのもどうなのかな、そう思ったので会いに行ってきました。

「できれば関わりたくないんですよね」

お兄さんは外出されていて、奥さんとお話しすることができました。

「義両親が亡くなった頃だから、もう15年くらい経つでしょうか。いろいろ相続のことで揉めたんです。だから正直関わりたくないですね。主人も同じだと思いますよ。実の兄弟ではありますが、政則さんとは性格も違いますし。うちは子どももいますが、政則さんは、一度も結婚もされずに独身でしょう？　だから話も合わなくて、どんどん疎遠になって。義両親の法事も、声かけても来ませんから。今日お越しいただいたことは、主人には伝えますから」

奥さんは連帯保証人であることを、どうやったら辞めることができるのか、このまま手続きが進んだら連帯保証人はどのような負担があるのか、そこを心配されていました。


民法改正以降（2020年4月施行予定）は、賃貸借契約の連帯保証人が亡くなった場合には、連帯保証契約は引き継がれません。施行前の契約の連帯保証人は、原則旧法が適用されるので、亡くなった場合には相続人が連帯保証人となっていきます。

いま山沖さんのご主人がお亡くなりになれば、その連帯保証人たる地位は奥様とお子様が承継することになるのです。


「もう、本当に勘弁して欲しいわ」

奥さんは吐き捨てるように呟きました。義理の弟の家賃滞納。関わりたくないという気持ちになっても、当然のことでしょう。

翌日、お兄さんから直接連絡が入りました。

「弟は2年前に病気をしたんです。脳梗塞だったのですが、幸いなことに軽く済みました。ただそれ以降、どうも攻撃的になってしまったような気がします。それだけじゃないかもしれませんが……」

このままだと連帯保証人であるお兄さんも、訴訟の被告になってしまいます。ただそれだけは嫌だと言います。

「弟が退去した後、滞納分も払うし、原状回復の費用も払います。それはお約束しますから……」

自分と血の繋がった弟のことで、裁判の当事者になんてなりたくない、その思いがひしひしと伝わってきました。

一般的に日本は、アメリカのような訴訟国家ではありません。主張も控えめだったりするので、すぐに「訴訟に」とはなりません。そのため「被告」となることに、強い抵抗感を覚える方はたくさんいらっしゃいます。賃貸借契約の連帯保証人は、直接の当事者ではありません。自分が借りて住みながら滞納している訳ではないので、その思いも仕方がないことかもしれません。

家主も「お金を払って欲しい」というよりは、「スムーズに退去して欲しい」という考えだったので、転居の協力をしてもらうことをお願いして訴訟の当事者にはしないことにしました。

さっそくお兄さんと一緒に、山沖さんのところに行ってみることにしました。この日も快晴でしたが、山沖さんの部屋の前だけは洗濯物が干されていません。他3軒の皆さんが「毎日こんなに洗濯されているのですか」と驚いてしまうほど干されているので、まるで山沖さんのお部屋が空き家のように見えてしまいます。

お兄さんが呼び鈴を鳴らしました。前回のように反応はありません。

「政則、いるんだろう？　話をしよう」

そう呼びかけると、今まで沈黙していた山沖さんが爆発したのです。

「帰れ！　お前には関係ない」

お兄さんも食い下がります。

「関係ないことないだろう？　俺はお前の連帯保証人なんだぞ。金払えって言われてるんだぞ。関係なくないんだよ。出てこい！」

その大きな声に、先日の左隣の女性も部屋から出て様子を見守ります。

「出てこいよ、ドア開けろよ」

そう言いながら、お兄さんがドアをがちゃがちゃし始めたその時、ドアが中から勢いよく開けられました。

仁王立ちになった山沖さんは、お風呂に入ってないのでしょうか。何日も着替えてないような、汗で汚れたシャツを着て、白髪交じりの髭も髪の毛も伸び放題の姿です。ぷんと酸っぱい臭いがします。

「帰れって言ってんだ！」

今にも殴りかかりそうな勢いでした。

その迫力に皆が後ずさりした瞬間、ドアはまた大きな音を立てて閉じられたのです。

「人が変わったみたい」

左隣の女性が呟きました。

「これは……引っ越しを促すなんて、無理ですね。もう手続きでお願いします」

お兄さんの声も、落胆のあまりか沈んでいました。

山沖さんが家賃を払っていないことの明け渡しの裁判は、順調に進みました。山沖さんは訴状も受け取らず、裁判の日にも出廷せず、答弁書で主張することもなく、流れのまま明け渡しの判決が言い渡されました。

その後も一度も山沖さんと連絡が取れることはなく、手続きは強制執行に進みました。

執行官が気にするのは、山沖さんの年齢です。74歳で認知症もないかどうか、執行で出てもらえる状況かどうかです。

荷物を完全に撤去して明け渡しをする日時を、山沖さんに告知する催告の日が来ました。お兄さんも心配なのか、電車に乗ってこられました。関係者全員が固唾を呑んで、事の成り行きを見守ります。山沖さんと会った日から、すでに2カ月半は経っていました。

「山沖さん、山沖さぁーん、裁判所です。開けてください」

執行官が呼び鈴を鳴らしながら、室内の山沖さんに声を掛けます。

「山沖さん、鍵開けますよ」

この前は自分からドアを開けていましたが、今回は執行官が鍵を開けます。

体調が悪くて寝込んでいるのでは、皆がそう思いました。

開錠されドアが開くと、山沖さんは玄関に立っていました。遠くからの様子ですが、それでも元気がないことは明確です。

「家賃払ってないからね、明け渡しの手続きになっていますよ。分かりますか？」

執行官が優しく言っても、さして反応がありません。

「来月の５日に荷物を完全に撤去するからね。それまでに引っ越し先を見つけて出てくださいね。ここに紙貼っておくから。役所に相談したらいいと思いますよ」

執行官は荷物を運び出す断行の日時が記載された公示書を、ドアの裏側に貼りました。今後の流れも説明されているのですが、山沖さんは聞いているのかいないのか、ただ公示書を眺めているだけです。前回より髪の毛も髭も伸び、同じ服なのでしょうか、さらに汚れた様相で生気がありません。ご飯をきちんと食べていないのか、かなり痩せた印象も受けました。

説明が終わり、ドアを閉めたところで執行官が呟きます。

「これ……このままじゃ断行厳しいかな。ちょっと検討してみて」

このままでは強制執行が、不能で終わりそうです。不能となれば家主側は滞納者に退去してもらうことはできず、何も動かなくなってしまいます。そしてこれは山沖さんにとっても、何ひとついいことはありません。滞納のことは少し横に置いておいて、山沖さんがきちんと一人で生活できるなら、気にすることはないでしょう。でももしご飯も作れない状態なら、精神や体を患っていたら、民間の賃貸物件で生活を続けることは、山沖さんにとって無理なことかもしれません。

「弟は鬱病で、仕事を少し休んでいた時期が昔ありました。今日の様子はちょっとその頃と似ているような気がします。遠目からしても、形相はちょっと普通とは言えない感じでしたよね」

お兄さんは、やはり弟の政則さんが心配なようです。

「自分の方でも、ちょっと通ってもう一度話ができるようにやってみます」

先日あんなに怒鳴られても、金銭面で迷惑をかけられていても、それでも兄弟。関わりたくないと言っていたのに、これだけ何とかしようと思う絆ってすごいものなんだな、そう感じました。

荷物を完全撤去する断行の日まであと10日ほど。執行が不能になれば、家主さんにとって「山沖さんに退去してもらえない」ことが確定してしまいます。何とかしたいけれど、どうしたもんだろう……そう思いあぐねていた矢先、お兄さんから電話がありました。

「弟が入院しました」

急転直下です。

どうやらお兄さんが政則さんのところに会いに行ったら、今度は山沖さんが包丁を振り回して部屋から出てきたとのこと。隣の住民の女性が慌てて警察を呼び、山沖さんを連行。精神的におかしな状況だったので、措置入院させられたということでした。栄養状態も悪かったらしく、検査をしつつこれからのことを考えていきますとのことでした。どう考えてもあの部屋でそのまま生活できるとは思えず、強制執行を予定通り進めることになりました。

執行官に事情を話すと「それなら仕方がないね」と、ちょっとホッとした様子でもありました。

最終的に、この案件は措置入院という想定外のところで着地しましたが、今後高齢者が滞納する案件も増えてくるはずです。しかしその時に強制執行ができなければ、家主は家賃を払ってもらえない、それでも出て行ってもらえないという最悪な状況になってしまいます。

ビジネスはリスクを伴うものとは言え、これを民間の家主がすべて背負うのは厳しいもの。国や行政が、シェルター的な場所を準備すべきと願ってしまいます。ただこの先急加速度的に高齢者が増えて無策のままだと、日本の国土はシェルターだらけになってしまいそうな気もします。

そもそもこの問題、国はどう対策を講じているのでしょうか。

訴訟手続き中に高齢者が死亡

古い戸建ての賃貸で、トータル3年分くらいの滞納となっていました。家主側は督促していなかった訳ではありません。毎月きちんと書面を出しても、その度に賃借人の加山聡さん（76歳）の妻幸代さん（75歳）からの手紙が届くのです。

その内容は、かれこれ30年ほど住んでいるということ（だからそれなりに情もあるでしょう？）、一生懸命に資金繰りをしているということ（それなりに誠意があるでしょう？）、資金の目処《めど》は立っている（だから後少しでしょう？）といったものでした。毎回、自筆で数枚にも及ぶ手紙は、家主を憂鬱にさせるものでした。自己を正当化する主張が延々と続くと、「話し合っても噛み合わない」という印象を抱くことになり、そして「これじゃ、言い負かされてしまう」という落胆に繋がっていきました。

向き合うのは、かなりのストレスだぞ……そう思うと、そこからの一歩が踏み出せなかったのです。その思いのために、家賃７万円だというのに滞納額は２５０万円を超えてしまっていました。自分の手に負えないとしても、このままでは滞納状況が改善されるとは思えません。これは専門家に任せるしかない、そう思い事務所に来られたのです。

加山さんはご夫婦と次男（36歳）の３人でこの家に住んでいます。長男（42歳）は別の場所で、一人暮らしをしていました。

働き盛りの息子との同居なら、夫婦の年金とともに月７万円の家賃が厳しいとは思えません。おかしいなと思っていたら、この次男は精神疾患で働いてはおらず、高齢の親が子どもを未だに養うまさに「８０５０問題」でした。しかも長男も精神疾患で生活保護を受給しながら一人で生活していました。これでは問題の出口の光が見えそうにありません。

賃借人の年齢や家族構成等も考え、まずは明け渡しの判決をもらってから役所と掛け合い、生活保護も含め次の転居先を探していこうと方向性を決めました。

手続きが始まった直後、幸代さんからすぐに連絡がありました。

「一生懸命に生きているんです。明け渡せということは、私たちに死ねとおっしゃるんですか？」

息継ぎの間も感じさせないほどの勢いで、幸代さんは電話口で声を荒らげながら主張を続けます。

もちろん「死ね」なんて一言も言っていません。ただ出口の見えない高齢者の人たちには、そう聞こえてしまうのかもしれません。だからと言って、家主が無料で部屋を提供する義務もないのです。

「これを機会に、もっと安い物件に移転して、生活を立て直しましょう」

そう伝えても、幸代さんの耳には届きません。

「私たちは、絶対に出て行きませんから」

そう一方的に言い捨てて、電話は大きな音を立てて切れました。


幸代さん宅に裁判所から訴状が届くと、また電話がありました。まだ勢いは止まっていません。

「主人は病気なんですよ。出て行けるはずはないじゃないですか」

聡さんに万が一のことがあれば、手取りの年金は激減します。年齢的にも今回の手続きを機に、将来に目を向ける必要があるのです。

「一緒に役所に行きましょう。そして転居先を見つけましょう」

懸命に説得をしても、幸代さんは怒鳴り散らすだけです。これでは家主さんの気持ちが萎えてしまうことも分かります。

幸代さんは、定期的に電話をしてきては、一方的に「退去できない」と言い、電話を切ってしまうということを繰り返しました。そうして裁判の日が10日後に迫った頃、初めて弱気な幸代さんからの連絡を受けたのです。

「主人が亡くなりました」

ここ数カ月寝込みがちだった聡さんの最期は、脳梗塞でした。

裁判中に被告が死亡すると、その被告の地位は手続きをとって相続人が承継することになります。ただこの段階で幸代さんを被告としたところで、強制執行は不能に終わるかもしれません。何とか次の転居先を見つけて任意に退去してもらうのがいちばんです。

「一緒に役所に相談に行きましょう」

幸代さんは、初めてこちらの提案を黙って聞いてくれました。

「息子をサポートしてくれるNPOの担当者がいるんです。その方が協力してくれるかもしれません……」

聡さんが亡くなって、とても心細そうでした。それも当然かもしれません。残された幸代さんは、精神疾患の長男と次男を抱えているのです。しかも収入源は、公的な年金と子ども達の生活保護費のみ。親族で頼れる方もいません。

私は精神疾患を抱える人たちをサポートする、NPOの担当者の連絡先を聞き、直接連絡することにしました。

「加山さんからお聞きしています」

電話口の新井さんは、物腰の柔らかな、一瞬で人を和ませるそんな雰囲気が受話器から伝わってきました。

新井さんは加山さんの息子さん二人を、自立できるようにサポートしているとのこと。繋がりのある不動産会社に、新しい部屋を探す手配まですでにされていました。

幸代さんの僅かな遺族年金と、息子さんの生活保護費。これで賄える物件を探していかねばなりません。しかも連帯保証人は探せないでしょう。

「私のことを信用してくれている社長なら、貸してくれるかもしれません」

その言葉を頼りに、お願いするしかありません。ただ出せる家賃からも、かなり狭い部屋になりそうです。70歳を超えて、なかなか自分から引っ越し作業はできません。

相当な量の物も、処分しなければならないでしょう。

付き合いのある業者さんに、幸代さん宅の片付けサポートもお願いしました。裁判所には事情を説明し、当面手続きの進行を待ってもらうこともできました。こうして私たちの加山家転居プロジェクトが始まったのです。

難航すると思われた物件探しは、新井さんのおかげで小さいながらも部屋を確保することができました。幸代さん家族が住んでいた戸建ては、古いながらもそれなりのスペースがあります。結局全体の6分の5ほどの家財を処分。身の回りの物だけを持っての引っ越しとなりました。

作業の最中、幸代さんはすべてをサポートしてもらっていても「ありがとう」の言葉は一言もなく、ただ追い出されることに文句を言っています。長年の家賃滞納も「社会が悪い」から。年齢もあるとは言え、荷物の整理もすべて新井さん任せ。ともすれば「もっと幸代さんも荷造り頑張って」、そう言いたくなる私に対して、新井さんはどこまでも優しい声で「これは持っていく？　いいの？　じゃ、処分しましょうね」と優しいのです。

高齢者を相手にするときには、ここまで気長に優しく接することが求められるのでしょうか。「仕事だから」では決して対応しきれないほど、優しく強い精神力が必要だと感じました。

今の世の中、度重なる虐待などの事件が発生しています。今後高齢者の人数が増加し、介護の手が回らなくなってきたとき、人は心の余裕を失わずに対応することができるのでしょうか。新井さんを見ていて、少しそんなことを考えてしまいました。

幸代さんと息子さんは、新井さん始めＮＰＯの方々のおかげで無事に新居に引っ越ししていくことができました。中断してもらっていた訴訟は取り下げ、一件落着です。ただ最後の最後まで、息子さんとは会えず心の病の難しさも感じました。そして残された滞納額も、大量の荷物の処分費用も、幸代さん親子に支払える訳がなく、家主が背負うことになります。この先増えるであろうこの問題。ビジネスとはいえ、家主はどうやって保身していけばいいのでしょうか。

立ち退きを拒む高齢者

建物は未来永劫建っている訳ではありません。どこかで必ず取り壊す時期が来るのです。古い建物は設備も古く、そしてかなりの確率で高齢者が住んでいます。

計8戸の部屋を持つ築60年の木造アパートに、たった1組の高齢者親子だけが住んでいました。2年前から始めた立ち退き交渉で、他の7戸はすべて退去済み。倒壊するのが怖いので、早く取り壊したいのに立ち退いてもらえない、そんな悩みで家主は相談に来られました。

物件はターミナル駅から徒歩7分の好立地。周辺には新しいマンションが立ち並ぶ中、ひときわ廃墟感が漂う全貌です。

「前の道路は人の通りも多く、建物が倒壊でもして迷惑かけたらと思ったら、夜もまともに寝られません」

最後に残った張田洋子さん（73歳）親子のために、家主は焦燥しきっていました。

資料を見せてもらうと、2年前の最初のアプローチで張田さんの機嫌を損ねてしまい、以来まったく話ができなくなったようです。他の方々は順次退去した中で、張田さんは月額7万円の家賃すら、法務局に供託するようになりました。家主と張田さんは隣同士で住んでいるのに「顔を合わすのも嫌だ」。そこまでの感情の縺《もつ》れを生んでしまったようです。

なぜそこまで張田さんは、このアパートから退去したくないのでしょうか。

これは退去したくない訳ではなくて、次の転居先を見つけられないからなのではないでしょうか。

張田さんはご主人とともに、このアパートで暮らし始めて50年弱。この物件で二人の子どもを産み育て、そして6年前にご主人が亡くなりました。お嬢さんは結婚して独立。40代の息子さんと一緒に住んでいます。

どうやらこの息子さんは、何らかの仕事はしているものの、定職ではなさそうです。ほとんど姿も見かけないということでした。張田さんの僅かな年金が、この親子の財源なのでしょう。しかしながら張田さんが手にする遺族年金は、それほど高額ではないはずです。余計に転居先が見つけにくいということでしょうか。

長年住み慣れたところから引っ越しするのは、とても苦痛なはずです。ただ冷静に考えたとき、この物件は張田さんが生を終えるまで持ち堪《こた》えることはできないでしょう。そう考えれば、どこかのタイミングでこの建物から転居せざるを得ません。残念ながら高齢になればなるだけ、部屋は借りにくくなってしまいます。そうなると立ち退き料をもらっての引っ越しは、悪いことばかりではありません。

張田さんに会いに行ってきました。

張田さんは、最初から攻撃的な口調でした。

「ここを引っ越しするつもりなんてありませんよ。なぜ私たちが退去しなければならないのですか。あんな家主のために、出て行くもんですか」

この建物の耐久性を説明し、一緒に部屋を探すことも提案しましたが聞く耳すら持ってもらえません。2年前の家主の言葉尻や対応に対して、延々と文句を言うだけです。

その怒りは1時間半にも及び、最後には怒鳴り疲れたのか、それとも多少なりと悪

いと思ったのか

「あなたが悪いわけじゃないけど、何度来てもらっても出ませんから」

そう言い捨てて、ドアは閉められました。

この賃貸借契約は、ご主人が亡くなったときに書き換えられ、嫁いだ娘さんが連帯保証人です。娘にとっても、年老いた親の家は、自分にとっても無関係ではないでしょう。高齢の母親と定職に就かず引きこもりがちな息子という悪条件な中、突破口を見つけたくて娘さんに手紙を書くことにしました。娘さんに何とか部屋探しの協力をしてもらえるなら、ずいぶん張田さんも楽になるだろうな、そんな思いがあったからです。

祈るような思いは届かず、手紙を送っても娘さんから連絡はありません。張田さんと娘さんとの関係が悪いのか、それとも別に何か理由があるのか、どちらにしても話もできなければ前には進みません。張田さん自身も「絶対に出ません」と公言している以上、このまま取り壊しを断念するか訴訟に踏み切るかしか選択肢は思いつきません。

長年家賃を払ってくれている入居者相手に訴訟をすることは、心苦しいものです。それでも建物の老朽化の程度を考えると、そうも言っていられません。補強をしたとしても、地盤が悪いため、さして効果も期待できません。

最終的に半年前に家主が出した「次の更新はしません」の書面をもとに、訴訟手続きをすることになりました。

裁判の期日、張田さんは法廷で声を荒らげます。

「絶対に出ません」

その言葉を皮切りに、今までの家主の無礼を延々と怒鳴り散らします。裁判官に促されて、別室で司法委員を交えて話をすることにしました。

建物の外観の写真からしても、明らかに老朽の域を超えているのは司法委員にも分かります。

「これ本当に古い建物だからさ、張田さんが頑張ってもどこかで取り壊さないとダメだと思うよ。裁判所が金額も調整するので、立ち退き料もらって退去するしかないんじゃないかな。息子さんはこの件をどう言っているの？」

張田さんは、この件のことを話し合えていないようです。毎月の収入もカツカツ。今の家賃以上は支払えないとのこと。同じ家賃を維持すると、今のところからはかなり不便な場所にならざるを得ません。そんな理由もあって、立ち退きを拒んでいたのでしょうか。

司法委員も懸命に説得を試みます。少しずつ張田さんの気持ちが、緩んでいっているように見えました。

法廷に戻り裁判官から、半年後、立ち退き料を支払うことで退去する和解が促されました。張田さんは「息子と相談してみます」と言い、法廷を後にしました。

その１カ月後、２回目の期日で張田さんはまた怒りが収まらない様子でしたが、最終的に裁判官に促され和解が成立となりました。

こうなれば、何がなんでも半年で転居先を見つけなければなりません。

「大丈夫です！　自分で見つけられます！　放っておいてください」

こちらの思いを振り払うかのように、張田さんは強気でした。反面子どもたちも頼れず、途方に暮れる部分もあるのではないか、裁判所を出る後ろ姿を見ながらそう感じてしまったのです。

何とかお母さんのお部屋探しに協力してあげて欲しい、そう思った私は娘さんにもう一度手紙を書いてみました。半年という猶予があったとしても、残念ながら賃貸業界の繁忙期と重なっています。物件が内覧せずにすぐ契約されてしまう時期は、張田さんにとって逆風と思ったからです。前回同様、手書きで思いを伝えました。

そして今回も同じく、娘さんから連絡が来ることはありませんでした。

半年の期限があと1カ月に迫った頃、張田さんに引っ越しをするような様子はまったく見られません。息子さんもたまに見かけるものの、相変わらず働いている様子はなさそうでした。

気になって、張田さんのところへ会いに行ってみました。

「次のところ？　まだ見つかっていませんよ。どうせ役所に相談に行っても、自分で探せって突っ返されるだけですから。家賃さえ払っていればいいんでしょう？」

どうやら和解の中で、期限が過ぎたら実際に明け渡すまで賃料相当損害金を払えと書いてあるので、賃料額さえ払えばそのまま住んでいていいと思っているようです。期限が過ぎれば、家主側は強制執行を申し立てることができてしまいます。一生懸命に説明するのですが、張田さんは「家賃さえ支払えば大丈夫」と言い張ります。

これは困ったな……時間がない中で、私の気持ちは焦りました。

市の住宅支援事業の部署とは、話をつけていました。本人を連れてきてくれさえすれば、いくらでも対応できますとの回答も得ていました。何とかこの足で一緒に行きたかったのです。でも張田さんは拒否します。

「行きましたよ、以前に。でも門前払いでした。何の役にも立ちません。だから行きません」

説得しても、答えはノーです。

ほとほと困り果てました。このままだと強制執行になってしまうかもしれません。とにかく不動産を探しに行こうと説得しても、思いは届きません。

ここは腹をくくるしかありません。時期が来たら強制執行を申し立て、その調書を持って役所に行けば緊急性があるということで、物件紹介もしてもらえるかもしれません。どれだけ一緒に不動産を探しに行こうと言っても、張田さんは首を縦には振ってくれなかったので、これ以上は粘ることができませんでした。

それでも私は、諦められなかったのです。

最後にもう一度、娘さんにお手紙を書きました。今度は和解調書のコピーも同封しました。このままではあと1カ月もしないうちに、強制執行を申し立てることも書きました。

なんとか協力して欲しくて、なんとか娘さんと話がしたくて、とにかく必死だったのです。


毎日祈るような気持ちで、連絡を待ちました。

どうして連絡がないのでしょう。電話1本したところで、何の損があるのでしょう。連帯保証人なのに、母親の引っ越しなのに、状況を把握するためにも、知りたくないのでしょうか。連絡することくらいいいじゃない……連絡が来ないことで泣きそうにもなりました。

そうして期限の1週間前、私の待ち焦がれる気持ちがピークに達した頃、娘さんからではなく張田さん自身から電話がかかってきました。

「引っ越しの目処が立ったので、鍵の受け渡しをお願いします」

全身から力が抜けました。

今まで口調もきつく、いつも喧嘩腰で喋っていた張田さんも、心なしか口調が柔らかくなっています。ホッとされたのでしょうか。私の労をねぎらう言葉もかけてくれました。あぁ、良かった、強制執行しなくて済んだ。ここ数カ月の重りが、ようやく外された気がしました。

電話を切って、きっと娘さんが手伝ってくれたのだ、そう思いました。今まで動かなかったものが、娘さんの力で動いた。こちらには連絡してくれなかったけど、ちゃんと母と娘は繋がっていたんだ、張田さんは孤独じゃなかったんだ、そう思ってとても嬉しかったのです。と同時に、張田さんの初めて穏やかな声が聞けて、私は舞い上がる気持ちでいっぱいになりました。

鍵の受け渡しは、同時に立ち退き料のお支払いの日でもあります。

立ち退き料は振り込みではなく、現金で手渡して欲しいという張田さんの希望でした。私は家主のところからお金を預かり、物件に向かいます。今まで何回この道を歩いたでしょう。いつもと比べものにならないくらい、心は躍りました。

私の手にはラッピングされたバスタオルがありました。張田さんの新しいお家で使って欲しかったのです。

約束の時間より10分ほど前に行ったのですが、すでに張田さんは待っています。

いつもの険しい顔の張田さんでした。

「遅い」

睨みつけるような目でした。鍵を開け、部屋の中の確認。そして書面を交わし、張田さんはお金を数えます。

何ひとつ荷物が残されていない部屋。結婚してここに住み、お子さんが生まれ、そして家族構成も変わり、それでも人生の大半をこの部屋で過ごしたのです。いろいろな思い出が詰まった部屋なのでしょう。

「お引っ越しで、お疲れが出ていらっしゃいませんか？」

私は、張田さんの怒りスイッチを入れてしまったようです。

「疲れてない訳ないでしょう。こんなにちゃんとしてきたのに、追い出すなんて家主もいい死に方しないわね」

そこから延々と、いつもの2年前からの恨みつらみをぶつけられてしまいました。

もうここまで来たのだから、お金もらって鍵返して、これで終わりでいいじゃないか、そう喉元まで出かかるのをぐっと抑えます。

私は何とかこの重苦しい空気を変えたくて、持って行ったプレゼントを渡そうとしました。

「これ良かったら、新居で使ってください」

張田さんは、見向きもせず紙袋を押し返します。

「バスタオルなんです。とても肌触りが良かったから」

一瞬の沈黙の後、張田さんは、

「いらないって言ってるでしょう。そもそもあなたは、司法書士なの？　証明しなさいよ」

そう怒鳴りながら、私が出した身分証を写真に撮り、

「こんなことして。本当にいい死に方しないわよ」

そう吐き捨てて、部屋から出て行きました。私の手元には、ラッピングされたバスタオルが残りました。


隣の家主のところに鍵を返却に行った際、不覚にも涙がこぼれ落ちそうでした。嫌な思いのまま引っ越しさせてしまったこと、この数カ月の力が及ばなかった情けなさ、先日の電話とのギャップ、荷物も何もない空室で怒鳴り散らされ、渡そうと思ったバスタオル……。

何の涙か自分でも分かりませんが、仕事で泣きそうになったことは初めてでした。それくらい密室での張田さんとの最後は、私にとって強烈だったのです。


「もうね、絶対に高齢者の人に住んで欲しくない、そう思ったのよね」

私の浮かない顔を前に、家主の奥さんが声をかけてくれました。

「やっと今にも崩れ落ちそうなアパートを取り壊す目処が立ち、ようやく安心して寝

られる。長かったわ、ありがとうね。

高齢者だから悪い訳じゃないってことは、分かっているのよ。けどこれだけ古い建物から退去してもらうのが大変だなんて思いもしていなかった。

この2年、生きた心地はしなかったわ。建物はいつか古くなるからね。もう高齢者には入って欲しくない、そう思うの」

奥さんの横で、家主も頷きます。


バスタオルを持ちながら、帰る帰り道。

高齢者だから悪い訳じゃない。今までだって、私が携わった何人もの高齢者の人たちは「ありがとうね」、そう言って転居していってくれました。

それでも張田さんのようなことも、現実にはあるのです。この難しさは、民間の家主が背負うには厳しすぎます。

これを一度経験してしまったら、高齢者に「貸したくない」、そう思っても仕方がないことかもしれない、それが正直な思いでした。

第3章

対談1　熊切伸英（ベルデホーム統括部長）

不動産管理会社の現場はどう考えているのか

熊切伸英（くまきり・のぶひで）

電鉄系不動産会社を皮切りに賃貸管理業務に25年余り従事。現在、埼玉県久喜市ベルデホーム株式会社で統括部長を務めながら、不動産トラブル・資産活用・売買・相続対策などの実務とセミナー講師としても活躍中。米国不動産経営管理士（CPM®）、宅地建物取引士、公認不動産コンサルティングマスター、マンション管理士、賃貸不動産経営管理士など、多数の不動産系資格を取得。2018年に上梓した『帰ってきた助けてクマさん！　賃貸トラブル即応マニュアル』（住宅新報社）は、クレーム対応のバイブルとして知られる。

高齢者に入居してもらうことへの漠然とした不安

太田垣　今日は、賃貸管理業務のエキスパートである熊切さんにぜひ、高齢者の賃借人についての嘘偽りないお話を聞かせていただきたいなと思っているので、どうぞよろしくお願いします。

熊　切　こちらこそ、よろしくお願いします。

太田垣　熊切さんとは長いお付き合いをさせていただいているので、いつもの通り「クマさん」と呼ばせていただきますね。

熊　切　はい、ぜひ、それでお願いします（笑）。

太田垣　最初から率直な質問で恐縮なんですけど、高齢者がなかなか部屋を借りられないのは、結局、家主さんやそれを管理するクマさんのような立場の人が、高齢者を入居させることに二の足を踏むせいですよね。

熊　切　それは、否定できませんね。正直なことを言うと、ひと昔前までは、70歳オーバーと聞いただけで、家主さんにあえて確認を取ることもなく、「無理です」って即断ることもありました。

太田垣　やはり高齢者に部屋を貸すのはリスクが高いと感じていらっしゃるわけです

ね。

熊　切　まあ、漠然とした不安がある、としか言いようがないですけどね。よほどしっかりした連帯保証人や緊急対応してくれる人がいれば話は別でしょうけど。ただ、最近は、厳しいかなと思っても、必ず家主さんに確認を取るようにはしています。エリア的（埼玉県北部）に空室問題の方も深刻なので、家主さんの中には、空室を埋める方を優先したいと言う方もいらっしゃいますし。

太田垣　多少のリスクは目をつぶるか、という感じですか？

熊　切　もちろん、そういう背に腹は代えられないという事情もありますが、高齢者って言っても最近はとても元気な方も多いし、単純に年齢では測れないということが分かってきた、という面もありますよ。だからこの年齢を超えたら一律断る、っていうのは減ってきているように思います。

太田垣　昔の70歳と今の70歳は全く違いますしね。

熊　切　僕もそれは実感します。そもそも介護が必要になるような方は、そのような施設の方に入られるケースが多いわけだから、家を探している高齢者の方って基本元気なんですよね。

太田垣　とはいえ、管理する立場からすると、高齢者の入居を家主さんに強くは勧めたくはないというのが本音ですか？

熊　切　もちろん、家主さんがＯＫと言っているのにとやかく言うことはしませんが、あとあと面倒なことにならなきゃいいなあという思いが頭をよぎるのは否定できないですね。

太田垣　孤独死の問題とか？

熊　切　もちろんそういう深刻な問題もありますが、高齢者の人って何かと苦情とか日常レベルの問題も結構多いんですよ。

太田垣　ああ、確かに、音の問題とか、若い人だと気にしないレベルのことでクレームが入ったりするって私もよく聞きます。

熊　切　高齢者の方で多いのは、長く住んでいたところが取り壊されることになったから、別の部屋を探さなきゃってパターンなんですね。そういう人って引っ越ししたくて引っ越ししたわけじゃないから、運よくいい物件が見つかってもなかなかめでたしめでたしとはならないことが多くて……。

太田垣　え、なんでですか？

熊　切　やっぱり住み慣れたところを離れるっていうのは、特に高齢の方にとっては大きなストレスなのか、やたらと文句が出るんです。それも引っ越した当日から。

太田垣　いきなり？

熊　切　「テレビがちっちゃくなったから来てくれ」とか。前の家から持ってきたご自分のテレビなのに（笑）。

太田垣　どういうことなんですか？

熊　切　とにかく来てくれというから行ってみたら、単に、テレビの配置が変わっただけだったんです。つまり、前は自分が座ってる場所のすぐ横にテレビがあったのに、端子の都合でもっと壁よりに置くことになった、ってだけ。「じゃあ、こっちに座ってください」って座る位置を変えてもらったら「ああ、戻った」って（笑）。

太田垣　私もその類の話よく聞きます。

熊　切　エアコンのリモコンの使い方が分からなくて、つけたはいいけど、消せなくなったからもう凍えて死にそうだ、って電話がかかってきたこともありますよ。

太田垣　死にそうだって言われるとほっとけないですよね。

熊　切　入居者からのクレーム対応は基本的に管理会社の仕事だから、こういう便利屋的な仕事までやらされるリスクを考えると、「高齢者は面倒だ」っていう印象はなかなか拭えないかもしれませんね。更新の話とか、保証会社の話とか、火災保険とかの話も、若い人のように書類のやり取りだけで終わることはまずないですし。

太田垣　「これ意味分かんないんだけど」って会社にやってきたり？

熊　切　わざわざ会社に出向いてくださる方も多いので、そういう意味では助かるんですけど（笑）、まあ、手間じゃないといえば嘘になります。

太田垣　高齢者だと、なかなか話が通じなかったり、やたらと頑固で理不尽に説教してくる人なども珍しくないですしねえ。

熊　切　でもまあ、家賃をちゃんと払ってくれるなら、こういうのもね、まあ、我慢というか、許容範囲ではありますけどね。

家賃滞納は生活保護で解決されても……

太田垣　クマさんのところでは、高齢者の家賃滞納ってあまりないんですか？

熊　切　いやいや、ありますよ。ただ、高齢者の場合は、比較的生活保護に救済されるケースは多いかな。

太田垣　それって代理納付ですか？

熊　切　うちは二つの市にまたがって物件を管理しているのですが、一つの市の方はそれができるけど、もう一つの市はできないんです。代理受領ができる物件は安心なんですが、できない物件は回収できないリスクをいつも気にしてますね。

太田垣　そういう人には直接回収しに行くんですか？

熊　切　いや、一応口座振替ですよ。ただ、「先に払ってくださいね、他に使わないでくださいね」って念押しには行きますけど。

太田垣　それができるのがクマさんですよね。普通の管理会社の人は多分、口座振替になってるなら、念押しに行くなんてことまでしないと思います。

熊　切　だってそうしないとお酒とかに使われちゃいますから。

太田垣　ギャンブルなどに使っちゃって打ち切られるパターンもありますよね。私のところに相談が持ち込まれる高齢者の滞納案件の大半は、生活保護が打ち切られちゃった人ですよ。

熊　切　打ち切りといえば、生活保護って亡くなった瞬間打ち切られちゃいますよね。

太田垣　そう！　それって、家主さんにとって大問題ですよね。

熊　切　うちもそれで大変なことがありましたよ。生活保護を受けていた高齢の賃借人の方が病院で亡くなられたんですね。実はその方、相当なヘビースモーカーだったみたいで、部屋を確認に行ったら、もう壁が真っ黄色なんですよ。だから原状回復するのに、敷金だけじゃ足りなくて、その費用を請求したかったのですが、財産は一切ないと言われるし、亡くなった瞬間に生活保護は打ち切られているしで、結局諦めざるを得なくなりました。

太田垣　行政としては、亡くなった人はもう保護しなくていいって話なんだろうけど、家主さんはたまったもんじゃないですよね。

熊　切　その方の場合、民生委員も付いて行政の方もしっかり見てくれていたから、家賃は毎月、生活保護費の中からきちんと支払われていたんですよ。だから安心していたんですけど……。

太田垣　生活保護を受けていた方が亡くなった後の費用って結構盲点ですよね。

熊　切　すでに高齢で保証人が亡くなっているとか、保証人がいないケースが多いですしね。

太田垣　家賃補助の金額も、そうなったときに備える保険料的なものを上乗せした金額で設定してもらうなどの方法が取れればいいんでしょうけどね。
熊　切　確かにそういう仕組みができれば「その後」に対する家主側の不安も軽減されますよね。

汚部屋が孤独死を引き起こした？

太田垣　高齢の賃借人の問題を語るとき、避けて通れないのが孤独死なのですが、クマさんも遭遇した経験はありますか？
熊　切　つい、この間もありましたよ。
太田垣　この間!?
熊　切　はい。まだ70歳くらいの方だったんですが。
太田垣　どういう状況だったんですか？
熊　切　定年退職した会社にアルバイトのような形で入ってた方なんですが、出勤するはずの日なのに来てないとご本人のお兄さんに連絡があったそうなんです。それで、安否確認してほしいとうちに連絡があったんです。
太田垣　なるほど。

熊　切　それで、おまわりさんと一緒に部屋を訪ねてみたら、中がすごいことになってて。

太田垣　いわゆる「汚部屋」ってやつですか？

熊　切　そう。それで、ゴミをかき分けて中に入っていったら、亡くなってる本人を発見したんです。

太田垣　なかなか強烈ですね。死因はなんだったんですか？

熊　切　おそらく熱中症なんじゃないかなあ。電気は付けっ放しなのに、エアコンが動いてなかったんです。どうやら壊れていたみたいで。設備のエアコンだから、連絡をもらえていたらすぐに直しに行ったのに、連絡をもらった形跡はないんですよ。

太田垣　これだけ暑い時期だから相当辛かっただろうに、なぜ連絡されなかったんでしょう？

熊　切　これは僕の想像でしかないのですが、汚部屋を見られたくなかったんじゃないかなあと。

太田垣　なるほど。確かにその可能性はあるかもしれませんね。亡くなられてから何日くらい経ってたんですか？

熊　切　出勤してこなかった翌日ですから、死後1日です。だから夏ではあったけど死体の腐敗はなかったんですよ。でもゴミは腐敗してました。

太田垣　その撤去も大変ですよね。

熊　切　亡くなられたことは残念ですが、近くにお兄さんがいらっしゃったから、撤去の費用も負担してくださることになりましたし、解約手続きなどもスムーズに進んだので、まあ、家主さんのダメージは最小限に抑えられたかなとは思います。

家賃の口座振替に潜む危険

太田垣　何かしら仕事をしているなど、社会との接点があれば、誰かが気づいてくれる可能性は高いでしょうが、仕事も特にしてない、隣近所との付き合いもないという方は、万が一のことがあってもなかなか発見されなかったりしますよね。

熊　切　そうそう。家賃って口座振替されるから、年金が入ってくる口座から毎月きちんと引き落とされてたりすると、滞納もないからこっちも気づきようがないんですよ。

太田垣　一時期、親族が死亡届を出さず、延々年金を受け取ってる人がいるって問題になったじゃないですか。

熊　切　ああ、ありましたね。

太田垣　その時、私が管理顧問をしている管理会社さんと一度きちんと入居者の年齢を洗い出してみましょうってことになったんですね。それで、中に94歳になっている方がいて、念の為確認に行ったら、もう人が住んでる気配じゃないんですよ。もう埃まみれだし、ドアももう何年も開けてないでしょ？　って感じで。お身内もいないということで、警察の方に安否確認で中に入ってもらったら……。

熊　切　もう嫌な予感しかしないですね。

太田垣　そう。もうミイラ化したご遺体を発見されたんです。

熊　切　かなり時間が経ってたんですね。

太田垣　4年くらい経ってたみたいです。ミイラ化してたせいで、全く臭いはなかったんですけど。

熊　切　そこまでくると臭わないんですかね。

太田垣　聞いた話だと、胃の中に物が残っているとそこから腐敗していくらしいんですよね。胃の中が空っぽだったりすると、そのままミイラ化して、ほとんど臭わないこともあるそうなんです。

熊　切　そうなるとなかなか発見は難しいですよね。孤独死って、周囲の住民の方から「変な臭いがする」というクレームが入って気づくことが多いですから。

太田垣　あれは独特ですすもんね。

熊　切　これわりと最近の話なのですが、「隣の家の窓にハエがいっぱいたかってて、変な臭いがする」というクレームが入ったんです。入居者を調べてみたら、まだ70歳くらいの方だったので、「汚部屋」のパターンかなあと思って、連絡してみたんですが全然連絡がつかなくて。お兄さんが保証人だったので、その方に連絡したら「弟は部屋を汚すようなタイプじゃない」っておっしゃるんですよ。「おかしいから中を調べてくれ」って言われて行ってみたら。

太田垣　ああ、もしかして。

熊　切　はい、亡くなられていました。この方も家賃は口座からきちんと引き落とされていたので、こちらも気づかなかったんですが、どうやら3カ月くらい前には亡くなられていたようなんです。不幸にも夏場だったので、それはもうすごい臭いでした。

太田垣　壮絶な現場だったんですね。

熊　切　これもね、お兄さんがいらっしゃったので、解約手続きなどは問題なかったのですが、なにせお兄さんも高齢でいらっしゃったので荷物の撤去作業に僕も立ち会ったんですが……。

太田垣　クマさん、そこまでやるんですか？

熊　切　もうね、一般的な防臭マスクレベルじゃ全く効かなくて、一応プロ仕様の強力な防臭マスクを使ったんですが、まあ、それでも臭いましたね。

太田垣　もう、防護服みたいなのを着ていかないと。

熊　切　一応作業着で行ったんですけど、なんだかんだで2時間くらい現場にいたから、臭いが染み付いちゃって。もうその作業着は二度と着たくないです。

死体の第一発見者で容疑者扱い!?

太田垣　でもそこまで踏み込めるって、クマさんすごいですよ。私は近くにいたことはあっても、実際の現場を目の当たりにしたことはないんです。やばい、と思ったらすぐに警察の人を呼ぶようにしていますから。

熊　切　それ、大事ですよ。以前は「とにかく急いで行ってください」とか言われると、警察の人も呼ばずに一人で行っちゃってたこともあるんですが、あれ、第一発見者になると、えらいことになるんですよね。

太田垣　延々取り調べを受けたりね。

熊　切　同じことを何度も何度も聞かれて、終わったかと思ったら今度は消防隊の人にも説明させられて。それに懲りたから今は必ず警察の人と一緒に行くようにしています。

太田垣　第一発見者にはならなくても臭いは嗅いじゃいますよね。

熊　切　しかも、記憶からも消せないんですよ、あの臭いは。

太田垣　大家さんの中にも、そんな壮絶な体験をしたことがある人もいると思うのですが、そうなると多分、もう賃貸経営なんかやりたくない！　って思っても不思議じゃないですよね。

熊　切　孤独死も含めた高齢者ならではのトラブルについては、家主さんや管理会社は年中耳にしているんですよね。それが積もり積もって、「何も好き好んで高齢者に部屋を貸すことはないかな」というムードが蔓延しているというのが実情でしょうね。

＊＊＊

高齢者に部屋を貸すことのメリット

太田垣　高齢者には積極的に部屋を貸したくないという家主さんが多いという現実は、残念ながら否定できません。ただ、その一方で、一度入居すると比較的長く住んでくださるとか、高齢者に部屋を貸すことのメリットもありますよね。

熊　切　そうなんですよ。アパートの1階はどうしても空室になりやすいのですが、高齢者の方は足腰に不安がある分、むしろ1階を好まれるので、そこのマッチングはいいんです。普通なら駅から遠い物件も敬遠されがちなのですが、通勤や通学の必要がない高齢者は駅近にあまりこだわらない人が多いというのも、家を貸す側にとってはありがたい話ですよね。

太田垣　家主さんにとってはずっと空室が続くことの方が最大のリスクですものね。

熊　切　ええ。それに孤独死のリスクは、高齢になるほど高いというわけではないと僕は思うんですよ。

太田垣　確かに20代の人の孤独死だってありますからね。

熊　切　亡くなっていることに気づかれないのはなぜなのかと言えば、結局のところ、社会との接点がないからですよね。65歳以上の単身者の場合は、民生委員の人が巡回して状況確認を行っている地域も多いですから、むしろ、年齢的には若くはないけど、高齢者とは言えないくらいの微妙な年齢の人の方が社会の盲点になる危険性は高いような気はします。

太田垣　確かにそれはあるかもしれませんね。

熊　切　孤独死を防ぐという意味では安否確認用に人の動きを察知するセンサーの進化、現実に孤独死されてしまった場合の対策としては、原状回復費用を補償する保険が増えてきていることも良い流れだと自分的には思っています。

太田垣　ただ、センサーだと見張られてる感があって嫌だという入居者もいるんですよね。点灯したかどうかで安否確認ができる電球の方が抵抗は少ないかもしれません。コストも安くて済みますし。

熊　切　個人情報を守りつつ見守れるような、優れた商品は今後もどんどん開発されていくと思いますよ。そういうものを設置するのが当たり前になれば、高齢者に限らず、孤独死のリスクは下げられますよね。

家主に好まれる高齢者とは？

太田垣　高齢者の入居の可否を決めるに当たって、管理会社の方はどういう点に注目しているのですか？

熊　切　家賃をきちんと払っていただけるかどうか、というのはもちろん大前提なのですが、すごく横柄だったり、頑固だったりする人は、あとあと苦労しそうだな、と敬遠したくなるのは正直あります。あとは、少し言いにくいんですけど、話をしてみて、コミュニケーションがうまく取れないなって感じるとやはり不安は覚えますよね。

太田垣　じゃあ、逆に言えば、コミュニケーションに問題はなくて、お金の面でも問題なさそうだと判断されれば、たとえ高齢でも入居ＯＫになる可能性は高いということですか？

熊　切　ただ、僕たちはあくまでも管理会社ですから、自社物件は別としても最終的には家主さんの了解が必要です。お金の面はこの保証会社にカバーしてもらいます、身内の方も近くにいます、お話をした感じでは問題はなさそうです、「ただし年齢は80歳です」という方を家主さんが受け入れてくださるかどうかなんですよ。

太田垣　確率としてはどれくらいですか？

熊　切　それはもうケースバイケースです。条件のいい物件だったりするとやはりなかなか難しいですね。逆に空室が続いてたりする物件の場合は、家主さん的にもそれ自体は解消したいわけだから、「どう思う?」ってこちらに意見を求められることも少なくありません。僕らとしても、「孤独死されて、何カ月も発見されないとかそういう極端なことは現実には滅多にありませんよ」などと説明はしますが、だからといって、「大丈夫です!」と断言することはできないですね。

太田垣　家主さん的にも判断は難しいですよね。

熊　切　だから「熊切さんが大丈夫って言ってくれるならいいよ」という言い方をされる家主さんも多いんですよ。

太田垣　それだけクマさんが信用されてるってことですね。

熊　切　いやいや、実際何があるかは分からないですから「最終判断はご自身でなさってください」って言い返します。

60代のうちに終の棲家の目処をつけよう

太田垣　特に東京都なんかは地価が高くてみんなが家を買うなんて無理だし、持ち家より気軽だってことであえて賃貸住宅に住む人も多いから、高齢者の住宅問題ってこれからますます叫ばれるようになると思うんですよ。

熊　切　それは間違いないですよね。

太田垣　だから賃借権を相続の対象から外すとか、終身建物賃貸借契約のハードルを下げるなど、家主さんが安心して高齢者に部屋を貸せるような法律やルールの改正も絶対に必要なんですけど、だからと言って、高齢であるほど借りやすくなるなんてことは現実的にはありえないわけじゃないですか。

熊　切　相手が高齢であればあるほど、家主としては、契約期間中に亡くなる可能性が頭をよぎるとしても、これはもういろんな意味で仕方ないことですよ。

太田垣　だから、賃貸住宅にずっと住んでいる人も、持ち家はあるけど老後はそれを売って賃貸に入ろうとしている人も、せめて60代後半までには、自分の荷物や財産などをきちんと整理して、これくらいの家賃なら一生払えるなっていう終の棲家を見つけて、出来るだけ早いタイミングでそこに引っ越しておくことがとても大事だと私は声を大にして言いたいんです。

熊　切　確かに60代後半の人なら年齢だけで断られる可能性はかなり低いと思います

ね。ただし、その物件がその10年後、20年後に建て替えってことになったりすると大変だから、自分の寿命より長そうな物件であることも絶対条件ですね。一度入居してしまえば、よほどのことがない限り、追い出されることはないですから。

太田垣　体は元気で、物分かりのいい感じをアピールしながらね（笑）。

熊　切　やっぱり、いい人だなって思わせるのは得なんですよ。入居されてからも、何かあったら助けてあげようって思いますもん、僕だって。あとは、出来るだけ近くに住んでいる身内の人が保証人になってくれれば、言うことなしですね。

完全なおひとりさま高齢者を救うのは……

太田垣　やっぱり、身内の保証人は必要ですか？　たとえば、年金をきっちりもらっている方なら家賃保証会社がついてくれたりすると思うのですが、それでもダメなんですか？

熊　切　だって、家賃保証会社はお金の話しかしないですから。お金のことは問題なくても、高齢者の場合は、たとえば認知症になったとか、体が不自由になったとかで、このままそこで暮らしていただくのは難しいってなったときや、いざという時に来てくれる人がいる、というのは、家主さんとしても安心なんですよ。そういう人がいないとなると、家主さんはなかなか首を縦には振ってくれません。

太田垣　下手をすると、その辺の対応を全部管理会社や家主さんがやらざるを得ない状況になってしまいますもんねえ。

熊　切　そうなんですよ。契約解除しようにも、本人とはコミュニケーションが取れない、近くに身内もいないじゃや、もう、お手上げですから。だから、家族や親族と没交渉で完全に一人っていう人はなかなか難しいですね。

太田垣　そもそもかつては高齢者が一人で部屋を借りるなんてこと、あまりなかったと思うんですよ。晩年は家族が面倒を見るのが普通だったし。でも家族の形が変わって、親族との繋がりも希薄になってるし、生涯独身って人も増えているから、身内の保証人をつけられないおひとりさまの高齢者は今後どんどん増えていくでしょうね。

熊　切　毎月の収入がそれなりにある人は、UR賃貸住宅っていう選択肢もありますよ。毎月の平均収入額が毎月の家賃の4倍以上（家賃額6万2500円以下の物件の場合）必要とか金銭的なハードルはあるのですが、それさえ越えられれば、年齢は一切問題になりません。契約は自動更新だし、保証人も不要です。礼金や仲介手数料もありません。僕がURのメリットを並べ立てるのもおかしな話ですが（笑）。

太田垣　でも、昔の公団と違って最近のURの物件は高くないですか。

熊　切　まあ、安くはないですね。ただ、地方に行けば3万円台の物件もありますよ。ちょっと地方に行けば、2DKで40㎡くらいの物件が4万円しないくらいで見つかります。

太田垣　そうなんですね。それくらいなら、なんとかなるって人はいるかもしれませんね。

熊　切　実は以前、借金返済のために自宅を売却したいという78歳の女性のお客さんがいたんですが、家を売却したはいいけど、自分が住む場所がなくなっちゃったわけですよ。だからすぐに探さなきゃってことになったんですが……。

太田垣　78歳の一人暮らしの女性だと厳しいですよね。

熊　切　保証人もいないから、もう本当に全く見つからなかったんです。それでURっていう手があるかなと思って調べたら、月収額は低くても、貯金があれば借りられるってことが分かって、「今は貯金はないけど、自宅を売却したお金がそのうち入ってくるから」ってUR側に交渉したんです、でも、今持ってないとダメだってことなんですね。ただ、月額家賃の100倍の貯蓄がなくても家賃を1年分前払いするという方法もあると言われたので、なんとか住んでいただく場所が見つかったんですよ。

太田垣　すごくドキドキさせられましたね。

熊　切　固定電話もなくなったから、携帯電話の契約も手伝って。短縮ボタンの2番に僕の番号を入れちゃったから、もう、何かがある度に電話がかかって来てましたね。うちの管理物件に住んでいるわけじゃないのに（笑）。

太田垣　そんなこと、普通の管理会社さんならやらないですよ。

熊　切　もちろん、最初はこの人が路頭に迷ってしまうと、売却の話も進まなくなるっていうのはあったんですけどね。そもそもすごい豪邸だったので、物もいっぱいあったし、その断捨離から始まって引っ越しの手配やら何やら、あれは、本当に大変でした。ただ、その時にURってなかなかいいな、って思ったんですよ。お金があればなんとかなるっていう意味で。高齢者の場合、一般のアパートやマンションだとお金があっても借りられないという状況が実際にあるわけですから、

太田垣　頼れる身内がいないなら、やはりお金を貯めておくことが大事ってことになりますね。

熊　切　そう言っちゃうと身も蓋もありませんが、民間の賃貸住宅も頑張らないといけませんね。

太田垣　でも、それが現実ですものね。あとはクマさんのように力になってくれる人を見つけられればさらに安心なんでしょうけどね（笑）。こうやってお話を伺って、改めてクマさんってすごい！　って感激しました。今日は本当にありがとうございました！

第4章 お金にまつわる高齢者の賃貸トラブル

高齢者になると頼れるのは「お金だけ」と思うのか、私の叔母はお金をティッシュに包んでどこかに隠してしまい「泥棒に入られた」と大騒ぎを繰り返していました。そんな叔母は若い頃、びっくりするくらいお金に頓着しない人でした。

70歳を過ぎ、家中にお金を隠し、外出しても財布にお金が入っているのに出さない、いつもお金でトラブルになる、そんな叔母になってしまったのです。当時まだ若かった私はその真意が分からず、歳をとると人は性格が変わるのかな、その程度にしか考えていませんでした。

ところが賃貸トラブルの現場に身を置くようになると、ここで出会う高齢者も叔母との共通点がたくさんあります。お金があるのにお金を出さなかったり、お金のコントロールができていなかったり。日本人は長くお金の管理を人に任せるということをせずにきた文化がありますが、これには限界があるのではないかと思うようになりました。

年金だけでは、老後を過ごせない時代。2000万円問題が、世間を震撼させました。社会保障額はどんどん増える中、ますます高齢者は急増していきます。しかもこれからは高度成長を経験した高齢者と違い、資産をさして持たないグループの増加です。

滞納している高齢者と話をすると、解決策を見つけられず出口のない迷路に入り込んでしまった気になってしまうのです。

預金があるのに家賃を払わない高齢者

「今にも崩れ落ちそうだから、建物を取り壊したいのよ」

相談に来られた家主は、大阪の中心地にある築60年以上経つ建物を、相続で引き継いだ所有者でした。

大阪のど真ん中を走る6車線もある大きな道路は、両側にオフィスビルが並びます。そこから50メートルほど中に入ったところに、ひっそりとたたずむ大昔の下宿スタイルの建物が、問題の物件でした。

靴は玄関で脱ぎ、靴棚に置きます。入ってすぐ廊下の右側に広い食堂があって、ここで昔はご飯まで提供されていたのでしょうか。夢を語りながら、食後には麻雀をしたのでしょう。埃を被って画《え》が見えなくなった麻雀のパイが転がっています。

細い薄暗い廊下を進むと、食堂奥側に共同の洗面所とトイレ。風呂場はありません。そもそもこんな大阪のオフィス街のど真ん中に、まだ銭湯というものが存在しているのでしょうか。

洗面所は学校の手洗い場のように鏡が蛇口の上に貼られていますが、曇りすぎて鏡の役目は果たしていません。廃校になった小学校のイメージです。

洗面所を通り過ぎてやっと廊下を挟むように、4畳もないほどの小さな部屋が6つ並びます。各部屋のドアも引き戸になっていて、狭い廊下がドアで塞がれないようになっていました。

足早に行き交うビジネスマンが溢れる街中に、この建物だけが時間が止まったように昭和の名残を漂わせています。ここに、たった一人の高齢者が住んでいます。

先代の家主の時代から、建物の古さで取り壊しの話が何度かありました。相続で引き継いだ家主は、建物の現状から危機感を覚え、重い腰を上げたのです。ところが話が進まない間に家主が認知症になり、入退院を繰り返していたために、この建物のことが後回しになってしまっていました。

物件があまりにも古いため、他の入居者は退去していきました。唯一残っている杉山二郎さん（83歳）は、70代後半から目を患い現在薄らとしか見えていない状態です。この部屋には新築当初から住んでいるため、玄関から何歩で何がある、見なくてもすべてを把握しています。そのために転居はできないと住み続けています。

二郎さんはこの部屋で社会人生活をスタートさせ、生涯独身、定年まで勤め上げました。退職金もそれなりにもらったはずです。企業年金だってあるはずです。今まで滞納なんて一度もありません。それなのにこの3年ほど、5万円の家賃を払っていませんでした。家主も父親の入退院で、気が付かなかったのですが、滞納額は200万円近くになっています。

収入はあるのに、家賃を払わない。それは「お金に執着」し始めたからでしょうか。それとも若いときからギャンブルか何かで、貯金をせずに使ってしまっていたのでしょうか。ただ少なくとも年金があるはずなのに、家賃が払われていないという状況であることは確かです。

家主は当初「取り壊したいので立ち退き交渉を」との依頼でしたが、家賃滞納で訴訟することにしました。その方が簡単に明け渡しの判決がもらえるからです。ただ二郎さんが83歳の高齢ということで、強制執行もできるかどうか分かりません。解決までには相当難航することが予想されました。

この賃貸借契約には、二郎さんのお兄さんが連帯保証人になっていました。杉山さんは86歳。奥さんに先立たれ、一人で自宅に生活されていますが自分のことだけで精一杯。もともと兄弟仲も良くないので、この件が明るみになるまでは全く連絡を取り合っていません。杉山さんには、お子さんもいません。頼れる身内は他に誰もいない状態でした。

滞納していることを知り、杉山さんが二郎さんに対して家賃を払うよう声をかけましたが、二郎さんは聞く耳を持ちません。杉山さん自身も自分では何もできないということで、「訴訟でなんとかしてください」とのこと。早速賃借人である二郎さんと杉山さんを相手に、訴訟を提起しました。

二郎さんは裁判所からの訴状を受け取りません。訴状は特別送達で手渡しなのですが、郵便局員の方を「うるさい」と追い返してしまいます。室内にいることは分かっているので、私たちも現地に行って「受け取ってくださいよ」と扉越しにお願いしたのですが、最終的に受け取ってもらえないまま手続きは進みました。

お兄さんは「払わない弟が悪いので、追い出してください」という内容の答弁書を裁判所に提出。

裁判の当日は、二人とも欠席。争いもないことから、さっくりと明け渡しの判決は言い渡されました。

ここからが問題です。若い人ならいざ知らず、高齢者の場合には強制執行で追い出したら生きていけないよね、ということで執行不能となる可能性があります。今回の場合、年齢からも状況からも、正面からいけば確実に執行不能となるでしょう。そうならないために、予《あらかじ》めの根回しが必要です。まずは家主と一緒に、執行官のところに相談に行くことにしました。

「家主さんも被害者だろうけどね。やっぱりこの年齢じゃ、不能にせざるを得ないよね。次の転居先を確保してくれたら、そっちに執行で連れて行くってことができるけどね」

執行官の表情から、かなり状況が厳しいことは読み取れました。

しばらく家主、私、執行官で話をして、とりあえず執行は申し立てる、形式的に催告はする（二郎さんに転居しなければならない認識を持ってもらう）、二郎さんには黙って執行を中断する、催告の調書をもって緊急性があるということで役所等にかけ合って転居先を探す、という方法を取ることにしました。


まだ肌寒い3月、強制執行の催告が行われました。

二郎さんは室内にいましたが、部屋の引き戸を開けません。執行官がいくら声をかけても、籠城です。古い建具なので、ガタガタしていたらドアごと外れそうな勢いでした。

「開けるよ」

執行官が声をかけると、二郎さんは中から何やら大声を出しています。同時に鍵屋さんが簡単にドアを開けました。

家主さんにすれば、何年かぶりに会う二郎さん。執行官や私にとっては、姿を見るのは初めてです。

二郎さんは痩せ細り、銭湯にも行っていないからか、髪の毛は長く絡まったまま。洋服もいつ着替えたのかすら、分からないほど汚れています。ドアが開いた瞬間からツンと鼻をつく悪臭が漂い、とてもじゃないけれど耐えられません。思わず口で息をしました。

部屋の隅には、使用済みの下着が積まれたままでした。悪臭の源はこれなのでしょう。二郎さんは障害者手帳も持っていながら、必要なサポートを受けていないのでしょうか。

家賃を滞納していることは悪いし、高齢者だから許されるという訳ではありません。年齢的には執行不能かもしれませんが、二郎さんの姿を見れば、この部屋で住み続けることはもう不可能としか思えません。想像以上に劣悪な環境です。

これでは、一人で近くの銭湯にも行けるはずがありません。窓のない4畳ほどの空間で1日の大半を過ごしているのでしょう。あまりに非衛生的でもあります。部屋に脱ぎっぱなしになっていた下着からしても、廊下を挟んだ対面にあるトイレにも行けていないようです。明らかに介護が必要な状況なのに、それが得られていません。ご飯もどうしているのでしょう。

執行官も同じことを感じたようです。

「体調はどうなの？　大丈夫なの？」

二郎さんは必死にドアを閉めようとします。

「このままだと執行で荷物全部出しちゃうことになるよ。そうなったら大変でしょう？　ちゃんとここにいる司法書士さんとか、周りの人と相談してね。分かった？」

執行官は、あとはよろしくと逃げ腰です。

「二郎さん、目の見えない人たちの施設もありますから。そこを探していきましょう」

私が声をかけても、返事はただ「帰れ！」の一点張り。

「今日は帰るけど、これからのこと一緒に考えていきましょうね」

そう声をかけても返事もなく、ドアがぴしゃっと閉められてしまいました。

一人暮らしのお兄さんと一緒に生活してもらうのは、難しいのでしょうか。

「大昔に二郎の結婚を反対して。そこから関係性が悪くなって」

兄の杉山さんが呟きます。

二郎さんが30歳になる頃、飲み屋で知り合った女性と結婚したいと言い出したのを、亡くなったお母さんが反対したのです。そこに加担して「お袋を悲しませるな」、そう言った杉山さんを二郎さんは恨み、以来、この50年以上絶縁状態になったとのこと。結局その後も二郎さんは、独身のままでした。その恨みを、ずっと根に持っているようです。

「嫁もいなくなって、私も90近いから。もう自分自身も生きるのに精一杯。連帯保証人だから費用は出すけど、それ以外の協力は勘弁してください」

杉山さんのおっしゃることも分かります。これでお兄さん宅に引き取ってもらう線は消えました。

やはり二郎さんを受け入れてくれる施設を探すしかなさそうです。

執行官は「転居先、見つけてあげてよ。頼むわな」

そう言って現場から立ち去りました。その後ろ姿を眺めつつ、家主もそして私も途方に暮れ、そして頭を抱えました。コミュニケーションが取りづらい二郎さんと、これからのことが話し合えるでしょうか。

二郎さんの目のことや年齢を考えると、もはや民間の賃貸住宅での生活ができないことは明らかです。お兄さんとの同居の線も消えてしまった今、高齢者の施設か、目の悪い人の施設しかありません。そんな都合よく、施設があるでしょうか。

役所の方も「こちらでも探してみますが、見つかるまでのサポートもしていきましょう」と提案してくれました。

まずは私も含め、関わる人たちが二郎さんと人間関係を作っていくしかありません。二郎さんは自分から援助を求めるようなタイプではありません。人と関わりたくない、誰も信じない、とても攻撃的な印象でした。その壁を崩していかない限り、先が見えてこない気がしたのです。

関係者一同が施設を探しつつ、二郎さんと普通に話ができるようにアプローチすることからのスタートとなりました。

天気のいい日にお弁当を買って行き、

「一緒に食べましょう」

と部屋の外に連れ出そうとしても、二郎さんは頑《かたく》なです。

「桜の咲き終わった頃にならないと寒い」

と部屋の戸すら開けてくれません。

梅雨前に行っても、やっぱり態度は変わりません。


3カ月以上かけても、二郎さんの態度が軟化することはありませんでした。この間も二郎さんは部屋に籠もりっきり。夜にでも近くのコンビニに行っているのでしょうか。ちゃんとご飯は食べているのでしょうか。部屋前に置いて帰るお弁当は、次に行ったときには無くなっています。ちゃんと食べてくれているということでしょうか。ゴミは外に出している様子もなく、部屋にどんどん溜まっていっているのでしょうか。早く何とかしなきゃ、焦る気持ちはあるものの、二郎さんの張り巡らした壁は高く固いままです。

梅雨で鬱陶《うっとう》しい日々が続く頃、動いてくれていた役所が受け入れてくれる施設を見つけてくれました。

入所の条件は身体検査を受けるということと、お身内の身元保証人をつけるということ。

せっかく見つかった施設、これを逃す訳にはいきません。身元保証人については、唯一の親族である杉山さんを説得するしかありませんでした。

「お金は払います。それ以外は勘弁してください」

長年絶縁状態だった兄の立場から、杉山さんは絞り出すような声で受け入れてはくれませんでした。それも仕方がないことかもしれません。もう関わりたくないのでしょう。

残念なことに杉山さんは、その後、弁護士の元に駆け込んだのです。

杉山さんの依頼した弁護士から、電話がありました。

「代理人になりましたので、杉山には連絡しないでください」

お名前から調べてみると、大きな事務所の先生でした。

「二郎さんが入る施設が見つかりました。ただどうしてもお身内の身元保証人が必要なんです。頼れるのは杉山さんしかいません。

ご協力していただけませんか」

こちらの願いも空《むな》しく、弁護士は声を荒らげます。

「私は法律家です。法律の話しかできません」

そして電話は切られてしまいました。


役所の方にも身元保証人の話は何とかならないかと掛け合ってみましたが、やはり特別扱いはできないと。

結局、せっかく見つかった施設も、二郎さんは入ることができませんでした。

そこから数カ月、二郎さんと私、二郎さんと役所の人の関係は、一進一退でした。

ドアを開けて話ができたり介護のサポートができるときもあれば、喚き散らして話ができないこともあります。

二郎さんは、執行の催告のときより、さらに痩せているようです。部屋の前にあるトイレにも、行けていないのでしょう。あのツンと鼻につく臭いは、物件の玄関に立っただけでも気になるほどになっていました。

何とかしたいけど、できない。駆けずり回って候補になる施設は見つけても、やはり身元保証人の問題で止まります。どうしても血縁でないと対応できない壁に阻まれ、執行官ですら「こりゃ、解決は難しいかもな」と言い、私たちも出口が見えない迷路に入り込んだようでした。


季節は廻《めぐ》り、物件近くの大通りは、街路樹の銀杏が黄色く色づいてきました。気が付けば、催告の日から半年以上が過ぎていたのです。

関係者に諦めの空気が流れだした頃、奇跡的に目の見えない人専門の施設が見つかりました。でも身元保証人が……。

「いなくても、受け入れてくれるそうです」

役所の担当者の人の声に、私たちも心が躍ります。

すぐさま執行官に連絡をして、中断していた執行手続きを再開してもらうことになりました。

本来であれば、身体検査を事前に受けなければなりません。今回は緊急性があるということで、それすら入所後落ち着いてから施設でするとのことでした。もう何も阻むものはありません。やっと二郎さんの終の棲家が見つかった、安堵感が関係者に広がります。

断行の日、二郎さんの体調を考慮して救急車もスタンバイです。建物の外には執行官、荷物を運び出す業者の人たち、役所の関係者、施設の担当者、そして私たち、家主さん、皆が固唾を呑んで見守ります。

引き戸は二郎さんを連れ出すために、最初に外そうということになりました。

執行官が先頭に立って、廊下を歩きます。そのすぐ後ろに鍵屋さん、そして引き戸を外すためのドライバーを持った業者さんが続きます。

建物中に緊張が走りました。

「二郎さん、ドア開けるよ」

執行官が声をかけたと同時に、鍵屋さんが鍵を開け、業者さんが一瞬で引き戸を外します。室内からゴミが廊下になだれ込んできました。

「二郎さん、家賃払ってないからね、強制執行でこの部屋には住めなくなったからね」

執行官の補助をする大柄な男性二人が、二郎さんを両脇から抱えます。

「何すんねん。なんでドアがないんや」

痩せた二郎さんは、ひょいと簡単に汚い部屋から連れ出されます。

「家賃払ってないから仕方ないんやで。でもちゃんとした施設やから、安心してや」

執行官が声をかけます。

二郎さんは、抵抗するかのように最後まで足をバタバタさせていました。

建物から出てきた二郎さんに、役所の方と施設の方が駆け寄ります。

「今から一緒に行きましょうね」

観念したのか少し落ち着きを取り戻した二郎さんは、施設の車に乗せられて先に出ます。もう一人での生活も、限界だったのでしょう。今までのことを考えると、嘘のようなおとなしさでした。

現場に残された役所の方が、部屋の中の貴重品を探し、追いかけて施設に向かう段取りでした。この間も、室内からゴミはどんどん運び出されていきます。

「現金がありますよ」

業者の人が敷かれていたカーペットの下から、隠された現金を見つけ出しました。几帳面に、一万円札が10枚ずつ束ねてあります。かなりの現金が敷かれていました。

「こんなに現金が出てきたなんて、初めてやなあ」

興奮気味の執行官は、集めた現金を数えだしました。120万円以上あります。押し入れのカバンの中からは、メガバンクの通帳も出てきました。驚くことに2000万円以上の残高になっています。年金も支給されているので、施設の費用は余裕をもって支払ってもらえそうです。

強制執行を申し立てるとき、まさかこんなに室内に現金があるとは思わず、明け渡しの執行だけしか申し立てませんでした。動産の執行を申し立てるには、また別の予納金も家主は負担せねばならず、滞納している以上、そこまでの現金もしくは換金できるほどの財産がないと判断した結果でした。

動産執行を申し立てていない以上、室内から出てきたお金は、二郎さんのもの。二郎さんにいったんお渡しして、その上で一連の費用を払ってもらうしかありません。少し残念な気持ちにもなりましたが、それでもこの先、二郎さんがお金に苦労することなく施設で過ごせると思うと、ホッとする気持ちの方が強かったのです。

それでもこれだけのお金を持ちながら、なぜ二郎さんは家賃を払わなかったのでしょうか。少しずつ目が悪くなっていって、銀行に行くのが億劫になっていったのでしょうか。それとも「頼れるのはお金だけ」と、どんどん執着していったのでしょうか。

たった4畳しかない部屋から、2トントラックがいっぱいになるほどのゴミが運び出されました。通帳等以外の貴重品はなく、大切な物は役所の方に渡されます。それ以外の物は、すべて廃棄処分。必要な服は、施設で新しく購入し直すことになりました。

家主さんも、ホッとされていました。

「二郎さんには、お前が生まれる前から、俺はここに住んでんだって言われてたんですよ。そう言われちゃうと、私も強く督促できなくなってね。

古い建物にばかり気がとられていましたが、実際は高齢化された入居者の方が大変だったんですね。無事に施設に移ってもらうことができて、ほんと良かったです。

こんなに大変だとは、思いもしていませんでした」

家主になったばかりで、最初のトラブルがこの案件。かなりの衝撃的な出来事だったでしょう。実際にご依頼いただいてから、強制執行を中断したために1年近くかかっての解決でした。施設が見つからなければ、もっと時間もかかったでしょう。

私たちも最悪は、二郎さんが入院するまで待つしかないのかな、そこまで考えたほどです。今この瞬間、安堵しかありません。

しばらく黙っていた家主が、絞り出すような声で言いました。

「お金の件なんですが……。現金もあったので、二郎さんからいただくこともできるのでしょうが、僕としては連帯保証人さんに払っていただきたいです。高齢で関わりたくなかったのかもしれませんが、僕たちは身内でもないのに施設探したり、本当に大変だったじゃないですか。お兄さんが身元保証人になってくれれば、もっと早くに解決したのは事実だし。これ法律の話というよりは、放っておけないという情で動いていた所の方が多いですよね。実際のところ、あの状態で放っておけなかったし。だからあの弁護士に請求してください。連帯保証人に請求するのは、法律の話ですよね」

家主の気持ちは、痛いほど分かりました。

ひとつ目の施設がダメになったとき、私たちの落胆は、絶望に近いものでした。いくら動いても、身内でないからできない部分がたくさんありました。だからやっと見つかった施設だったのに……と。

もし代理人に「協力したいのだが、兄弟でいろんな感情があるようです。ご理解いただけないか」、そう言われたら、私たちも納得できたと思います。何と言っても、杉山さんも86歳。弟さんどころではないことも、十二分に理解できます。

ただ法律とかそんなこと取っ払って、そもそも滞納している二郎さんのために何とかしなければと動き回っていた私たちからすると「法律家だから法律の話しかしません」という対応は、出口を封じられたような気までしたのです。代理人として、依頼者を守るための言葉だったかもしれません。ただ「何とかしなければ」の思いだけで動いていた私たちは、谷底に突き落とされたような思いを全員が味わっていたのです。

だから家主の意向を尊重することにしました。


代理人には二郎さんが施設に入所し、明け渡しが完了したことの報告と、滞納額、強制執行にかかった費用全額を書面にて請求しました。


書面を送って1週間ほど経ったでしょうか。代理人から電話がありました。

「金額をまけてくれないか」

私たちに対する労いの言葉は、一言もありませんでした。

高額の支払いを負担する杉山さんのことを思うと胸が痛くなりましたが、やはりここは譲れません。

「先生は法律の話しかしませんとおっしゃいました。

これは法的な請求なので、全額お振り込みください」

支払った後は、二郎さんに請求するのでしょう。代理人から二郎さんの住所や資産状況も聞かれましたが、「お調べください」と私は答えませんでした。

そして請求額全額が振り込まれて、すべては終了したのです。


1週間後、施設を見に行くと、二郎さんはとても元気でした。清潔な服を着て、髪の毛もきれいにカットされています。

日が当たる明るい部屋で、とても快適そうです。

「もっと早く来れば良かったわ」

二郎さんの穏やかな声を初めて聴きました。「もっと早く来れば」だなんて、今までのことを考えたらズッコケそうでしたが、笑顔とその言葉に救われました。同時に、涙が零れ落ちそうでした。

きっと目がどんどん見えなくなって、頼れる身内もいなくて、二郎さんも追い詰められていったのでしょう。お金しか頼れない、そう思って滞納を始めたのかもしれません。この時の二郎さんの心境は、今の私の年齢では想像でしか汲み取ってあげることはできません。

ただこの笑顔が見られて、本当に良かった、心からそう思いました。

今回の案件は、たまたま施設が見つかったから良かったものの、このまま見つからないもしくは身内の身元保証人がいなくてはダメという状態が続けば、二郎さんが亡くなるか、入院するか等でないと明け渡しができなかったかもしれません。

今は地域包括支援センターや高齢者のサポートもいろいろありますが、必要な人に必要な情報が伝わっていない部分もあるかもしれません。現に二郎さんも、身体障害者手帳を持ちながら、サポートは受けていませんでした。

これからは家主がきちんとした知識を身につけることは、超高齢化社会で住まいを提供する上では欠かせないことかもしれません。

理容店の閉店

千葉の中心からずいぶん離れた駅のすぐ前に、50年以上夫婦で営んでいる理容店がありました。

古い町並みではありますが、若い人も移住してきて、少し活気がでてきたエリアです。理容店の物件は、自宅兼店舗。底地はトータル約40坪の広さで、駅前のいい位置を押さえていました。

新宿に住む家主は、この理容店の滞納に頭を抱えていました。店舗と住居、合わせて家賃9万円。駅前にしては破格値ですが、時代の流れで値上げせずにきてしまったのです。それなのにここ数年滞納気味になり、すでにその額は300万円を超えようとしていました。

なぜここまで滞納額が、増えていってしまったのでしょう。

場所的なことが、理由のひとつでした。理容店という商売をしている関係上、督促の電話をしても「忙しいから」と対応してもらえず、かと言って新宿から2時間近くの時間をかけて督促に行くのも憚られたのです。管理会社に管理を任せる方法もあったのですが、今までずっと自主管理をしていたのでそのままになってしまっていました。

賃借人の夫婦もすでに80代。家主も同じような年齢で、お互いがのらりくらりしている間に月日が経ってしまったということでしょう。もはや当事者では解決できそうになく、訴訟をしてくれとご依頼がありました。

まずは内容証明郵便で契約解除になるように滞納額を督促したのですが、賃借人は受け取りません。お店ですから、わざと受け取らない姿勢を示しているとしか考えられません。郵便ポストに投函したという体を得たかったので、同じ内容の特定記録を送りながら、ひとまず現地に行ってみました。

千葉のかなりの田舎に位置していますが、駅前は少し賑わっていました。その中で、ひときわ異質の古めかしいオーラを放っていたのが、問題の物件でした。

古い平家の建物で、住居部分は波形スレートの壁。まさに昭和の倉庫のようにも見えます。店舗部分は道に面したところだけタイルのようなものが貼られていますが、それもところどころ剝がれて落ちています。店舗の入り口横には、理容店の代名詞とも言える赤白青のサインポールが回っていました。

外から覗いてみると、店舗に客はいません。賃借人のご主人が、理容椅子で寝ています。見るからに古そうな店構えでもありました。これでは若い客は来ないでしょう。50年以上営業しているので、この店とともに歳を重ねた近所の高齢者が散髪に来る程度だと思います。家賃が滞納されるのも、納得できる気がしました。


中に入ると、店主は椅子から頭を上げて、怪訝《けげん》そうな顔でこちらを見ます。

「なに？」

家主の代理人であることや、内容証明郵便を受け取っていただいていないことをお伝えすると、明らかに不機嫌そうな顔です。

「で、どういう用件？」

滞納している事実があるか確認すると、

「滞納しているけどさ……」

それが何か？　と言わんばかりの横柄さでした。

なんでしょう、この雰囲気は。滞納している理由が、家主側にあるとでも言いたいのでしょうか。

「見てのとおり、客が来ないから滞納になっても仕方ないでしょう」

話になりませんでした。高齢者だし、長年お住まいいただいている賃借人なので敬意を表したいと思っていましたが、こんな態度なら家主が督促から遠ざかってしまったのも分かる気がします。

「滞納されているので、ご退去いただきたいんです。訴訟は提起しますが、任意にご退去いただけるご意向はありますか？」

「俺たちに首くくれって言うの？」

そんなことは一言も言っていませんが、前向きな話はできそうにありませんでした。

「次のお住まいを探されるなら、お手伝いいたします。ご希望をおっしゃってください」

「店舗付き住宅。駅近、家賃3万円で」

明らかにそんな物件は不可能です。

「長年お仕事されてこられていますが、そろそろ引退されるというお考えはないですか？　次にお探しになられる物件は、居住用でないと厳しいと思います」

するると店主は、声を荒らげます。

「年金ないから、働いてるんや」

なるほど、そういうことなら生活保護の申請も必要かもしれません。サポートを申し入れましたが、「帰れ」と店から追い出されてしまいました。

年齢的なこともあって、できるだけサポートして任意退去をと思いましたが、話し合いができない以上、訴訟手続きで進めるしかありませんでした。

訴訟を提起したのと前後して、弁護士から破産の受任通知が家主に届きました。

「こんな腹が立つ書面ってありますか！　まるでこちらが悪質な督促をしているみたいじゃないですか。気を遣って督促もできなかったほどなのに。

こんな後ろ足で砂かけるような奴、もう許せません」

家主が憤慨するのも、分からなくはありません。

受任通知は定型の貸金業宛ての様式で、受け取った方は威圧感を覚えてしまうのです。

「家賃払わんと、こんな書面まで送ってきやがって。被害者はこっちや」

家主の怒りは、収まりそうにありません。

代理人の先生が建物明渡等請求事件のことを把握された上での話かどうか分からなかったので、私の方から電話をしてみました。

その方は、訴訟の方はご存じなかったようです。300万円以上の滞納で、退去してもらえずに迷惑している旨をお伝えすると、急に恐縮された対応となりました。悪い先生ではなさそうです。

「破産もされるというなら、こちらは1日も早く荷物を完全撤去して、任意退去していただきたいです」

そうお伝えすると、自身が責任を持って期日までに退去させます、と約束してくれました。

訴訟での明け渡しが早いのか、それとも任意退去が早いのか、どちらにしても明け渡しは時間の問題となりました。

裁判の期日前に、先生の方から次のところが見つかって転居したとの連絡を受けました。近くの市営住宅のようです。自営で国民年金をかけておらず、貯金もほとんどないようで、生活保護を受給するとのことでした。

ご夫婦も若いときには、それなりに稼いでいた時期もあったと思います。その頃の貯金を、晩年に食いつぶしてしまったということでしょうか。お店を閉められなかったのも、開けてさえいれば日銭が入るからかもしれません。サラリーマンは望まなくても定年という制度がありますが、自営の場合には自分で幕引きをしなければなりません。

80代の理容師夫婦。人生の最後に破産だなんて、ちょっと寂しい幕引きです。もっと他にやりようはなかったのでしょうか。

怒っていた家主ですら切ない気持ちになっていましたが、それでも強制執行等で明け渡しではなく任意に退去してもらえたことには感謝。とりあえず良かったか、なんて話し合いながら退去後の物件を見に行きました。
ところが明け渡された現地に行ってみると、そんな思いは吹き飛びました。二人で顔を見合わせて、怒りで血圧が急上昇です。

なんと賃借人夫婦、本当に必要な物だけを持って夜逃げみたいな退去をしたのです。押し入れの中には、古い布団がぎっしり。食卓の上には、退去前に食べた皿がそのままです。部屋の中は、ゴミと脱ぎ捨てた服が重なり合っています。箪笥の中も、物がぎっしり。

お店の方に回ってみると、こちらも何もかもが残されています。商売道具だったハサミもカミソリもそのまま。使い終わったタオルも、そのまま放置です。生乾きの状態で、悪臭が漂っていました。床にも短い毛が落ちたままです。散髪を施して、床を掃くこともなく退去したのでしょう。

建物の外側にも、車が入りそうなくらい大きな物置があって、その中にも物がぎっしり。必要な物を探した後なのか、物が散乱していました。

明け渡したというよりは、立ち去ったという感じです。

これには家主もカンカン。

「これって明け渡しと言えるんですか？　立つ鳥跡を濁さずという言葉を知らないんですかね。ほんと頭にきます！　代理人はどうなっているんですか。確認すらしていないというなら、言語道断。確認しても知らん顔というなら、本人のみならず、代理人も許せません」

家主の怒りは、ごもっともです。

弁護士の先生に連絡をしてみると、先生もご存じなかったようでした。鍵が事務所に送られてきたので、退去の確認もせず、そのままうちの事務所に送ったようでした。見てらっしゃらないということだったので、主だったところを写真に撮ってメールしたら、すぐにお詫びの電話も来ました。

物が入っている棚や押し入れ、物置には、すべて「処分してください」の張り紙はしてありますが、いったいこの処分にいくらかかると思っているのでしょう。家賃ですら破産手続きを取るということで、家主には1円も入ってきません。ある程度自分たちでゴミを捨て、どうしようもなく残ってしまった物を「お願いします」ということなら、まだ納得もします。しかしながら状況を見ると、荷物を整理したり片付けた形跡はなく、とにかく必要な物を持って出た、ただそれだけのようでした。

「僕が依頼者と荷物を片付けますので、２週間ほどいただけますか？」

写真をご覧になった弁護士の先生も、この荷物を老夫婦だけではとてもじゃないけれど片付けられないと思われたようです。自分も確認していなかったのは悪かったので、一緒に作業しますということでした。

片付けなかった老夫婦がいけないのですが、家主の怒りも冷めやらず、先生にも協力をしていただくことになりました。

50年以上住み、理容店を営んでいた荷物や備品の数は、半端ではない量だったようで、先生は２週の週末をすべて片付けに費やし、また平日も粗大ごみを出しに現地に通ったりと奮闘したようです。老夫婦にお金がないので、可能な限り自分たちで処分して、残った分は業者に引き取ってもらいました。若い先生なので頑張ってくれましたが、もし先生が片付けてくれなければ、この費用も結局家主の負担になってしまいます。

長いこと住んでいただけることは光栄なことでしょうが、その分賃借人は歳を重ね、荷物はどんどん増え、そして高齢者本人では身動きできなくなります。

「片付けようと思ってはいるけれど、もう体がついてこない」ということでしょうか。荷物の片付けを入居者任せにしていると、結局家主が処分費用すら負担することにもなりかねません。滞納賃料を払ってもらえないだけでも痛手なのに、荷物の負担まで背負わされるとなると、たまったもんじゃありません。それを避けるためにも早い段階で話し合ったり、断捨離を手伝ったり、そんなサポートも必要な時代かもしれません。

弁護士の先生は「これから高齢者の依頼には、もっと慎重になります」と苦笑いされていました。まさかご自身が、依頼者のゴミの処分を手伝うことになるだなんて、思いもしていなかったはずです。

自営業の幕引き。これから大きな社会問題になりそうです。

後継者がいない工場の滞納

川崎市の町工場が立ち並ぶエリアで、40年ほどネジ工場に物件を貸している家主から相談を受けました。とにかく裁判ででも追い出してくださいというリクエストでした。

工場には昔はそれなりに人もいたのでしょうが、後継者がいないのか、それとも人を雇うほどの売り上げがないのか、今は73歳になる社長の影山史郎さん一人しかいません。

何度言っても家賃を振り込みにしてくれないので家主が毎月回収に行くのですが、ここ最近影山社長は体調を崩し気味なのか、工場が稼働していないときが増えました。

家主は滞納額のことももちろん気になりますが、それ以上にこの大きな機械が気になります。このまま何かあって影山社長が入院でもしたら、さぁ大変。機械は勝手に処分もできないし、仮に処分するとなっても特殊なので相当な金額が必要になるはずです。そんなことを気にしていたら、夜も寝られなくなってしまいました。

月14万円の賃料で、すでに滞納額は200万円近くになっています。影山社長も売り上げが減っているのでもっと安い物件に移りたいと思いつつ、そもそも今がとても安いので移れそうなところもないようです。

影山社長の側からすると、体もしんどい、でも生活費を稼ぐために工場は閉鎖できない、滞納分を補塡するだけの売り上げもない、解決策がないまま日銭を稼ぐことで日々が精一杯。これが現実のようです。

夏の盛り、3度目の訪問でやっと家主は工場が稼働しているタイミングの影山社長に会えました。

「ずっと工場閉めていたの？　もう体力的にも継続は大変なんじゃないの？　そろそろ閉鎖したらどう？　今月は家賃払ってもらえるんだよね」

影山社長は、目を合わせません。

「今月も払えないの？　もうこれ以上は無理だよ」

「仕事はちゃんとある。たまたま体調を崩し気味だったから払えなかったけど、もう大丈夫だと思う」

そんなことはないでしょう。かれこれ2年近く払ったり払わなかったりが続いているのです。

「今いくら滞納しているか、自分でも分かってる？　200万円近いんだよ。機械を撤去するにも莫大な費用がかかるだろうし、機械を売るなり引き取ってもらうなりして、工場閉めることを真剣に考えてよ」

それでも影山社長は、首を縦に振りません。

「じゃ、この滞納額、どうやって払っていくの？　毎月の家賃も払えないんだから、滞納額は減るどころか増える一方なんだよ。今日家賃払ってもらえなかったときのことを考えて、解約の書面持ってきたんだ。はい、これに署名押印して」

解約の書面には滞納額が196万円であること、契約を解約すること、2カ月後の9月末には機械を全部撤去して工場を明け渡すことが記載されていました。家賃を払っていないし、払える見込みもない以上、仕方ありません。影山社長はしぶしぶ書面に判を押しました。

「機械の引き取り先、ちゃんと探して空っぽの状態で明け渡してよ」

家主はそう言い残して、その場を去りました。

ところが9月末、工場は明け渡されませんでした。もちろんこの間も、家賃は支払われていません。そこで手続きのご依頼に至ったという訳です。

解約の書面もあったので、解除の手続きを取ることなくそのまま訴訟を提起。訴状が届いた頃、影山社長から電話がありました。

「出る気ないから」

滞納している状態であっても、まだ明け渡す決心がついていないようです。滞納していることに対して、一言の謝罪もありません。これ以上滞納額を増やさないようにするためにも、1日でも早くの任意退去を促しました。電話越しの影山社長は、納得している様子はありません。

「工場閉めたら生きていけねえんだよ」

その言葉を残して、電話は切れてしまいました。

その後、影山社長の代理人から答弁書が提出されました。内容は「解約の書面は強制的に書かされたもので、真意ではない」ということ。初回の期日は、欠席するというものでした。

争う内容の書面が提出されると、裁判所としては次の期日を入れざるを得ません。1カ月先の期日が指定され、この間にも家賃は発生。払われていない滞納額は、250万円を超えていきました。家主は代理人がついたこと、争う姿勢を見せたこと、期日を延ばされたことに激昂。代理人に払う費用があるなら、家賃払えと怒り心頭です。

司法の現場は、家主は金持ち、賃借人は貧乏という認識のもとに、極端に賃借人保護に偏っていると感じます。あまりに現場の認識と、かけ離れていることもあります。今回のようなことに遭遇すると、家主は大変だな……と思わざるを得ません。

そしてこの間も工場の機械は稼働し、影山社長は日銭を稼ぎ続けました。

2回目の期日、影山社長の代理人も出席して審理が行われました。

代理人は答弁書の通り、解約書面の無効の主張です。しかしながら長年存続した法人の代表者の押印。「真意を分からなかった」では通りません。滞納額も高額であるため、裁判官からの和解が促されました。

「賃借人も高齢で後継者がいないなら、明け渡す方向で話し合ってください。滞納額がこれだけあれば、継続ということは難しいと思いますよ。賃借人の説得、お願いしますね。

原告側も滞納額を放棄する等、譲れるラインを相談してきてください」

明け渡してもらうのに、滞納額を免除する、おかしな話だと思いますが、互譲しないと事態は収まりそうにありません。裁判官の勧告にこちらも、そして影山社長の代理人も頷きました。

互譲のライン……。難しいところです。

家主としては、滞納分は全額支払って欲しいし、工場内の機械も当然に撤去して完全スケルトン状態で終了したいと思っています。おそらく機械の撤去は、数百万単位でかかりそうです。滞納額は明け渡しの時期にもよりますが、３００万円近くになるはずです。

「貸してさ、使われていてさ、払ってもらえないって、こんなに大変なのに、まだ免除しなきゃいけないのって本当におかしいよね」

家主の言い分は、正論です。もし別の賃借人なら毎月家賃は支払われているだろうから、不運としかいいようがありません。ただ現段階で、そんな「たら・れば」を言っていても仕方がないので、家主の絶対に譲れない点を尋ねました。

「機械の撤去。これが最優先ですね」

素人では運びだせそうにない機械なので、もっともな回答です。そうなると1カ月では撤去は厳しいでしょうから、明け渡しの期限は2カ月先にして、もし完全撤去なら、滞納分は免除するという内容にすることにしました。

問題は先方が、明け渡しに同意するかどうかということになりそうでした。

一カ月後の期日、先方は代理人と影山社長本人も出廷しました。

影山社長は年齢より老けた感じで、仕事を積極的にしているような雰囲気にはとても見えません。裁判官も同じような印象を持ったようです。影山社長がおぼつかない足取りで被告席に座るのを、急《せ》かすことなくじっと気長に見つめていました。

「大丈夫ですか？　では始めます。滞納額も返済できないでしょう？　明け渡しということでよろしいですか？　原告側も譲歩できるよね。では司法委員と詳細を詰めてください」

予め和解内容は代理人同士で作成していましたが、法廷とは別の部屋で影山社長も同席の上、双方で詳細を確認しました。

「機械の撤去は大丈夫ですか？」

こちら側が問うと、影山社長は予め同業の人に打診していたようで力強く頷きました。

「それは大丈夫です。

それよりやっぱり継続させていただくということは、難しいですか？」

まだ工場を続けたいようです。73歳、歩くことすら足元がおぼつかない状態で、まだお仕事がしたいのでしょうか。

「年金がないから、少しでも働きたい……」

　できるだけ働けばいいと思って、ご自身の年金等を準備していなかったようです。家賃を滞納するくらいなので、預貯金等もあまりないのでしょう。この先の生活が不安なのは分かりますが、それでもこれだけの滞納で継続はあり得ません。

　影山社長の代理人も諌《いさ》めます。

「社長、どう考えてもこのまま事業をするのは厳しいので、ここは明け渡しましょう。機械を完全撤去して明け渡したら滞納分は免除していただけるようなので、そうしましょう。ここで和解しなければ、判決がでてしまいますよ。そうしたら滞納分だって、払わないといけなくなりますから」

　影山社長は納得できないものの、仕方がないということで黙って下を向いていました。

　結局代理人同士で作成した和解案通りで、訴訟は終わりました。

　そして2カ月後、約束通り工場の中は空っぽの状態で明け渡しが完了しました。やはり機械は同業に買い取ってもらって、運び出されたようです。買ってもらったんだから、その分で滞納分払ってよと言いたくなる心情ですが、売買代金は撤去費用と相殺。影山社長からすると、費用を払わずに撤去してもらえたことは御の字だったようです。

これから急激に増えてくる高齢者の何割かは経営者もいるはずです。そしてこの人手不足から、後継者がいない経営者も多いはず。若いときなら知力も気力も体力もあって清算もできるでしょうが、高齢になるとそこがしんどくなっていくのでしょう。特に仕入れがない事業なら、動いている間は収入が入ってくるとギリギリまで頑張ってしまうかもしれません。年金が当てにできなくなると、1日でも長く働いて収入を得ようと思うのは当然です。ただどこかで代替わりもしくは清算しなければならず、この問題は本当に深刻です。

サラリーマンの定年という制度。ある意味、理に適っているのかもしれません。

第5章

対談2　菅井敏之（元メガバンク支店長）

「一生賃貸」で生きるためのお金の知恵

菅井敏之（すがい・としゆき）

三井銀行（現・三井住友銀行）で個人・法人取引、およびプロジェクトファイナンス事業に従事した後、48歳のときに銀行を退職し起業。銀行員としてのお金を「貸す側」、不動産投資家としてのお金を「借りる側」、それぞれの視点から、大きな資産を築くことに成功。資産形成のための銀行の活用法や住宅、保険の選択方法には定評があり、講演やセミナーでも全国で一躍人気講師になる。著書も多く、『お金が貯まるのは、どっち!?』（アスコム）は40万部を突破し、2015年オリコンランキングビジネス書部門第1位を獲得。

太田垣　菅井さんは「お金の専門家」として、資産形成などをテーマにした講演会やセミナーでも活躍されています。多くの日本人は、お金に対する教育というものを全然受けてきていませんから、そのような場で「初めてお金について学ぶ」という方もきっと多いですよね。

菅　井　そうなんですよ。学校では教えないし、親から聞いていたのは無駄使いするな、とにかく貯金しろ、ってことくらい。それでは率直に言って、お金を増やすことはできません。で、結局、「金融の知識」をきちんと身につけた人たちだけが、お金持ちになっているんです。

太田垣　給料が右肩上がりで銀行の金利が8%とかだった時代ならいざ知らず、銀行＝低金利は当たり前という今の時代は、ひたすら貯金したところで、老後のための「2000万」を準備するなんて到底無理な話ですよね。給料は上がるどころか下がる人も多いし、貯金すらままならない人だってたくさんいますし。

菅　井　「秘すれば花なり」で、いい情報はお金持ちの人たちの中だけで完結してしまっているのが現実なんです。だから富める人とそうでない人との二極化が進んでいる。これはおかしいんじゃないかって僕は思うんですね。

太田垣　お金に対する知識やスキルのレベルと経済的豊かさは比例する、とも言えますよね。

菅　井　今のような時代ではそれは間違いないでしょうね。

太田垣　家賃滞納者と接していると、「入ってきた以上のお金を使えば赤字になる」「必要なお金を稼がないと赤字になる」という発想が持てていないのではないかと感じることも多いです。もちろん、やむにやまれず、という方もいますが、当然の結果として家賃を滞納しているのだな、という人は少なくないんです。

菅　井　率直に言って、貧乏になってから「私、どうしましょう」じゃもう遅いんです。だから絶対に勉強や訓練が必要なんですよ。

太田垣　小さい頃からお小遣い帳をつけるとかね。

菅　井　これは先日高校生にも話したことなんですが、お金に関しては3つの力が必要です。まず1つは稼ぐ力。その本質は、「誰かが困っているところを発見して、それを解決するご褒美としてお金をもらう」ということだと僕は思うんですね。個人事業主的な働き方が主流になるであろうこれからの時代に向けては、その本質に戻っていく、ということを前提に「自分株式会社」としてどう人生を組み立てるのかが大事だということを伝えました。

太田垣　そういう意識を若いうちから持てればいいですよね。

高齢者になるほど必要になる「受援力」

菅　井　もちろん、「稼ぐ」と同時に、稼いだお金を「管理する力」も必要ですよ。

太田垣　「収入－支出」が常に黒字になる習慣を身につけるということですね。

菅　井　はい。ただし、そこには「お金を貯める習慣」も含まれます。余ったぶんを貯めようとするのではなく、収入の1割とか2割を先に確保して、残りで暮らすようにする。そうすれば、自然にお金は貯まります。最低限この姿勢は身につけておかないと、運用どころの話ではなくなってしまいますから。

太田垣　それは本当にそう思います。その最低限のことができない人ってびっくりするほど多い気がしますから。そうなると3つ目は……。

菅　井　「受援力」です。

太田垣　ジュエンリョク？

菅　井　人に助けてもらう力です。

太田垣　ああ、なるほど。
菅　井　何でも自分でやるんだ、なんていうのは傲慢ですよ。人は常に誰かに助けてもらってるじゃないですか。誰だってね。社長だって社員に助けられているわけです。そうやって助けてもらう力ってすごく大事だと思うんですよ。
太田垣　助けてもらえるっていうのも能力なんですね。
菅　井　それを高めるためには、「低賞感微《ていしょうかんび》」の姿勢が必要だと僕は思っています。
太田垣　どういうことですか？
菅　井　「低」は「低姿勢」のこと。謙虚で丁寧な言葉遣いですね。そして「賞」は「賞賛」のことで、つまり褒めるってこと。やっぱり他人のことを褒められないとダメです。
太田垣　褒められて嫌な人はいませんもんね。
菅　井　そして「感」は「感謝」。これは当たり前ですよね。最後の「微」は微笑みです。ニコニコしている人にはみんな親切にしたくなるでしょ？
太田垣　なります、なります。
菅　井　やっぱり、こういうことを日常生活でできている人なら、歳をとっても、たとえ十分なお金を持っていなくても、生活に困窮することはないですよ。絶対に誰かが助けてくれますから。いつも愛想が良くて、「よろしく、よろしく」って言っている人を誰も放ってはおかないでしょう？

太田垣　そういう高齢者なら、不動産屋さんも親身になって部屋を探してくれそうですもんね。

菅　井　少なくともそれで損することはありませんよね。だから、金銭的な貧乏に陥ることが避けられない場合でも、人間関係で貧乏になってはいけないんです。人間関係がきちんと築けていて、上手に助けを求められる人の元には、「うちの草むしりをやってほしい」とか、「うちの親戚の会社を手伝ってくれないか」とか、そういう話が必ず舞い込んでくるんですよ。それはもう、間違いないです。

太田垣　でも実際にはたくさんいますよね。人間関係が貧しいという人は。

菅　井　たとえば、孤独死して長期間発見されない人というのは、誰かと挨拶を交わすこともない、そもそもどこにも顔を出さない、子どもにすら頼らない、困っていても助けてって言えない人がほとんどだと思うんですよ。

太田垣　もうどうしようもなくなっているのに、役所にも頼れない人は決して珍しくないんですよね。

菅　井　役所には実はいろんな制度があるじゃないですか。でも、それを利用できるのは、それが必要だと自ら手を挙げた人だけ。一人で孤独にうずくまっているだけでは、助けてもらいようもないんです。

太田垣　ただ、高齢になればなるほど、「困ったら相談に行く」こと自体が簡単ではないのだなというのも私は感じるんです。以前、93歳と89歳のご夫婦がワンルームの家賃を滞納しているという案件があったんですけど、実際お会いしたらお二人とも体もかなり不自由な感じだったんですね。介護認定を受ければ手厚い補助も受けられるはずなのに、そういう制度があること自体もご存じなかったんです。お子さんはすでに亡くなられていて、他に頼れる親戚もいないから、誰からも教えてもらえなかったって。家賃の滞納はなんとかしなくちゃいけないと考えてはいたそうなんですが、おそらくそれを解決するだけの知識も気力も体力もなかったんだろうなと。結局私が200件くらい電話をして引き受けてくれるところが見つかったので、そちらに引っ越してもらったんですが。

菅　井　そんなふうにただ貧困に耐えている高齢者はたくさんいるわけですよね。だから「受援力」なんです。そもそもそういう力が身についていないと、歳をとってからいきなり発揮することは無理なのですから、若い頃から必要な助けは求められるようになっておかないと。そうすればたとえ体力はなくなっても、気力を振り絞れば声は上げられますよね。

「家賃」のみを補助する制度があってもいい

太田垣 生活が立ち行かなくなったときのセーフティネットとして生活保護という制度があっても、それを受けることに強い抵抗感を抱く人も多いですよね。

菅　井 「生活保護」っていう言葉に色がついてるのも良くないのかもしれません。たとえば「介護」なら公的に補助を受けることにみなさんあまり抵抗はなくなってるじゃないですか。だったら、住宅費の補助も独立させればいいのではないかと思うんですよ。今の制度だと住宅扶助（住宅費の給付）は生活保護の受給が決まって初めて受けられるものだけど、生活保護はもらいにくい、でも、家賃分さえ保護してもらえればなんとかなるというのなら、そこだけ切り離して「家賃補助」という形にする方法はありますよね。あるいは賃貸で暮らしている人は、若い頃から「住宅保険」みたいな形で積み立てておいて、一定の年齢になったらそれが受給できるようにするというのでもいいし、とにかく知恵を絞っていろいろな仕組みを作っていかないと。

太田垣　家賃の滞納の原因もそのほとんどは「家賃を払うと生活できないから」なんですよね。そこさえ補填してもらえれば、生活はなんとかなるという人は多いかもしれません。

菅　井　都心部だと安い家賃の家ってどんどんなくなってるでしょう？　だから、たとえば80歳になって、物件を建て替えるから出て行ってくれと言われても、同じ値段で近くに借りられる部屋がなかなか見つからず、そこから遠く離れたところに引っ越すしかなくなってしまうわけですよね。

太田垣　そうなんです。でも、それを嫌がる高齢者の方はやっぱりすごく多いんです。建て替えの立ち退き交渉のときも、若い子なら◯◯線沿線なら、などと柔軟性があるのですが、高齢者の場合は、◯◯何丁目で探して欲しい、みたいにものすごくピンポイントなんです。かかりつけの病院もあるし、自分の生活圏は絶対に変えたくないんでしょうね。しかも家賃も今以上は払えません、ってなると、そういう物件を探し出すのはもはや不可能に近くて……。

菅　井　まあでも、生活範囲は狭くなってるだろうし、人間関係も出来上がっているからそこを離れたくないっていうのは当然だと思いますよ。高齢になってから生活圏が変わり、友だちとも離れてしまえば、そのまま孤独になってしまうのは目に見えていますから。だから、そんな時でも家賃補助のような形の手当てが支給されれば、少し家賃が高めになっても同じ場所に住める可能性は高まりますよね。そういうニーズを考慮した仕組みはやっぱりあった方がいいんじゃないですかね。

太田垣　絶対に必要だと思います。

菅　井　そうするとね、老後の不安も消えるわけですよ、若い人の。だって、かつて就職難民と呼ばれた人たちっているでしょ？

太田垣　今40歳すぎくらいの人たちですね。

菅　井　その世代にはなかなか就職できず、今も非正規のままという人は珍しくないですよね。社会保険料をまともに払えなかったという人も多いだろうし、そうなると年金としてもらえる額は5万とか6万になって、そんなの家賃を払ったらもう終わりじゃないですか。それが怖いなら2000万円貯めろと言われて、一生懸命貯金したところで、銀行にお金が貯まっていくだけで、世の中の経済は回らず、ますます不景気になっていって、完全に負のスパイラルにハマっていくだけですよ。

太田垣 老後が不安だとお金を使えないですよね。

菅井 でも、そんな人生つまらないでしょ。だから仮に家を持たないとしても、最悪そういう手当てを受けられるとなれば、70過ぎても80過ぎても家賃は払えるじゃないですか。そうすれば、家主さんだって安心でしょ。

太田垣 高齢者が家賃を滞納するリスクが減れば、高齢というだけで部屋を借りにくいという今の状況は多少なりとも改善できるかもしれませんね。

「ライフプラン表」があれば必要なものが見えてくる

菅井 もちろん、そのようなセーフティネットとは別に、やはりそれぞれが、自分株式会社のライフプラン表を作って、この先の自分の人生を見通すことはものすごく大事ですよ。

太田垣 そうそう、元気なうちにね。

菅井 自分が何歳のときにどういうことが起こり得るか、ということを事前に考えておけば、対策も立てられるじゃないですか。

太田垣 自分が80歳になったとき、今住んでいるアパートは築50年になっているから、当然建て替えって話になるなあ、とかね。

菅　井 2000万円貯めるって話が出ましたけど、あれは一つの指標ではあるかもしれないけど、人によって必要な金額は全然違いますよね。持ち家か賃貸かでも違うし、どこに住んでいるか、既婚か独身か、子どもがいるかいないか、ってそれぞれ条件は違うわけですし。だから自分はどうなのか、って個別に、そして具体的に考えるべきなんです。

太田垣 持ち家だから家の費用は全くかからないというわけじゃないですよね。

菅　井 そこを見落としている人って結構いるんですよ。ある程度築年数が経てば、外壁とか屋根などを補修する必要が出てきますよね。そのお金は具体的にいくらかかるのかがイメージできていれば、そのお金は貯めておかなきゃってなるじゃないですか。他にも、災害に遭ったら家の補修費は保険で全額賄えるのかとか、そもそも保険に入ってないから保険に入った方がいいかなとか、考えておくべきことはたくさんありますよ。

太田垣 漠然と2000万円ではなく、具体的な根拠を持ってお金を蓄えるってことですね。

菅　井　そのためにも、経常的な浪費体質というのはやはり改善した方がいいですね。

太田垣　毎月の赤字をボーナスで穴埋めしているような人ですね。

菅　井　そう。一度支出を見直してみて、無駄なところ、たとえばなりゆきでやっている固定費などをどんどん減らしていくことは最低限必要でしょうね。僕は、教育費と車、住宅費、保険費に、最近は通信費を含めた5つを「5大経費」って呼んでいるのですが、ここはしっかり見直さないと。

太田垣　固定費をコストダウンできるかどうかは肝ですよね。

菅　井　あとはバランスシートですね。資産と負債を書き出していって、自分の資産を全部処分した場合、最終的にプラスになるのか、マイナスになるのかをきちんと把握しておくことは大事ですよ。いざ家を売ろうとしても自分が想像していた値段では売れず、これじゃあ借金は残るわ、家はなくなるわになるから、売るに売れないってパターンは結構ありますから。

太田垣　買った値段より高くなる物件なんて、ごく一部のエリアだけだから、基本的に値段は下がると思ってないと、大変なことになりますよね。新築で買っても買った瞬間に1000万円くらい下がる物件だってあるわけですし。

菅　井　だから家を買うときには、それを貸したときにいくらで貸せるのか、10年後、20年後、30年後に売ったときにいくらで売れるのかをちゃんと考えなくちゃいけないんです。自然環境がいいとか、子どもの学校が近いとか、みんなその時しか見てないでしょ？

太田垣　不動産屋さんはそこしか言わないですもんね。

菅　井　たとえば、もしかするとリストラされるかもしれない、病気で働けなくなるかもしれない、そうなったときにじゃあ家を売ろうってなっても、高く売れそうになくて、じゃあ貸すしかない、でも家賃よりもローンの金額が高くてどうしようって話になるじゃないですか。でも、ライフプランがちゃんと描けてて、長期的な時間軸で考えられていれば、そのようなアクシデントにもそれなりに対応できるんです。

「お金」が運ばれる仕組みをいかにして持つのか

太田垣　「今」欲しい家を、無理なローンを組んで買うことって、本当に危険だな、って私も思います。

菅　井　たとえば、二人で住むのに、100㎡の家を無理して買ったところで、その時は気分がいいかもしれないけど、住んでいる間は何も収益を生まないですよね。でももっと家をミニマムにして、その分の予算で別に不動産を買って家賃収入を得るようにすれば、それは自分以外の稼ぎ手になるわけですよ。もちろん、知識やスキルがあるのなら、別の金融商品でもいいでしょうけど。

太田垣　なるほど、確かにそうですよね。

菅　井　一生懸命勉強して、いい学校に入って、いい会社に入っているのなら、その信用を最大限活用すればいいんですよ。その属性があれば、お金は借りられますから。それがお金を増やす人の発想なんです。

太田垣　お金を増やしている人って、お金を働かせてるってよく言いますよね。

菅　井　でも、自分自身で稼ぐ方法もありますよ。自分自身のスキルを磨いて、60になっても、70になっても、80になっても、稼げるってすごいじゃないですか。料理でも草むしりでも、人より優れていることがあれば武器になりますよ。

太田垣　なんでもいいんですよね。

菅　井　なんでもいいんですよ。要するに自分にお金を運んでくれる仕組みを持てばいいんですから。65歳になったときに、70歳になったときに、80歳になったときに、年金の他にいくら必要なのかをイメージして、じゃあそれをどうやって得るのかってことですよ。自分自身のスキルを生かすでもいいし、家賃が入ってくるような不動産を買うでもいいし、高配当の株を買ってその配当金を得るというのでもいいし。そういう組み立てをできるだけ若いうちからしておきましょうっていうのを僕は口を酸っぱくして言ってるんです。

太田垣 それはどこで学べばいいんですかねえ。

菅　井 僕の本を読めば分かります（笑）。

住む家も含めた老後の準備は50代のうちに！

太田垣 定年間近になって、持ち家もない、株もない、特にお金も貯まっていない、しかもスキルも自信がないという人は結構いると思うんですが、そういう人はどうすればいいんでしょうか？

菅　井 自分株式会社は単体で考えなくたっていいんですよ。親会社、子会社を含めた連結で考えていただきたいんです。たとえば、今、東京に住んでいても、島根に実家がある、山形に実家があるのなら、Uターンしてそこに住むという手もありますよね。

太田垣　地方なら家も安いですしね。

菅　井　場所を変えてみれば、手軽な家なんていっぱいあるからそれを買うっていう手だってあるじゃないですか。

太田垣　一生賃貸で過ごそうって縛られる必要もないんですね。

菅　井　そうですよ。まだ現役でローンが組めるうちに、老後はここに住みたいなという場所で安い中古戸建てを買うのもいいと思いますよ。現役の間はその家を賃貸に出し、その収入をローン返済に充てればいいわけですから。地方の空き家を300万円くらいで手に入れて、少し手入れをしてから人に貸す、ということをやってる人はたくさんいますよ。もちろん人に貸すためには、病院とかスーパーが近くにあるとか、そういう賃貸ニーズは意識するべきですけどね。

太田垣　自分の地元で探せば、土地勘も活かせますね。

菅　井　かつての同級生がたくさん住んでいるだろうから、そこにはすでに自分の人的資産もあるわけですよね。それってものすごく大きいんです。もしかすると「ちょっとうちの仕事手伝ってよ」という話になるかもしれませんよ。もちろん、子ども時代を過ごした場所だけでなく、転勤などで住んでいた場所など、自分がこれまで縁のあった場所を候補に入れるのもいいと思います。

太田垣 菅井さん自身は、やっぱりなんらかの形で自分の家は持っていた方がいいというお考えですか？

菅　井 老後のことを考えたら、絶対持った方がいいと思います。

太田垣 やっぱり、賃貸より持ち家ですかねえ。

菅　井 何も高いところに買う必要はないですよ。でも買わない、買えないと決めつけることはないと思います。だって賃貸ってやっぱり不安じゃないですか。ずっと家賃払わなくちゃいけないし。収入があるうちはいいけど、年金から家賃を捻出するって辛くないですか。

太田垣 高齢になると、なかなか借りられないリスクもありますもんね。

菅　井 それを考えると安くてもいいから、どこかに自分の家を持った方がいいと僕は思います。もちろん賃貸の場合は、修繕費用も考えなくていいし、固定資産税も払わなくていい、古くなれば住み替えればいいというメリットはありますよね。何歳になったら収入がいくらだから、これくらいの家賃のところに住もうとか、そういうライフプランをしっかり考えて、20年後、30年後まで家賃を払い続けられる見通しが立っているならずっと賃貸でも不安はないと思いますよ。

太田垣　あとはとにかく、人間関係が豊かな「人持ち」になることですね。

菅　井　そう、「お金持ち」になれないなら、せめて「人持ち」になる。そこは重要です。

太田垣　そういう意味では持ち家の人に比べて、賃貸の場合は「近隣と仲良くしよう」という意識が薄い傾向があるので、そこは自分から積極的に外に出て、周りの人と繋がっておくことが大事ですよね。

菅　井　僕に言わせると20歳から50歳までの人生の第1コーナーはパック旅行だけど、第2コーナーになる50歳以降は自由旅行なんです。第1コーナーでは会社でいろんなスキルも人脈も磨けますよね。それを踏まえて自分自身でデザインしていくのが第2コーナー、つまりは第2の人生なんですよ。

太田垣　そうなると50代は結構ポイントですね。

菅　井　そう、かなり重要。60代になると一気に選択肢が狭まってしまいますから、収入も安定しているこの時期に、いかに今後への準備ができるかどうかは大きな鍵になりますよ。まだローンだって組めますからね。

太田垣　そのためにもまずライフプランですね。

菅　井　そうです。だって、突然60歳、70歳になるわけではないでしょ？　でも、必ずそういう日は来るわけですよ。だったらその時のことを50歳になった時点で1回考えておきましょうよ、ということなんです。その時に、誰と、どんな場所でどういうふうに暮らしたいのかってことをね。漠然とイメージしておくだけでも全然違いますよ。

太田垣　40代、50代の頃から、人生100年に合わせてちゃんと考えておかなきゃいけないってことですね。今日は本当にありがとうございました！

第6章 今すぐ始めたい、「一生賃貸」のための「住活」

賃貸だけじゃない。持ち家だって安心できない

51歳のご主人が倒れたと、事務所へ相談に来られた明美さん（47歳）。ご主人は脳の血管が切れ、植物状態。前兆も何もなく、働き盛りの突然の出来事でした。明美さんはパートタイムでの就労で、一家の家計はご主人が担っていました。

二人の子どもは、すでに成人して独立。末っ子の中学2年生の女の子と3人での生活でしたが、大黒柱が倒れて一変。10年前に新築で購入したマンションの住宅ローンがこのままでは払えません。

亡くなれば住宅ローンの団体信用生命保険で完済されますが、病気の特約はなかったため、今のままではローンの支払いができず、競売にかかってしまいます。独立した二人の子どもも、自分の生活で手一杯。親の家の援助まではできません。かと言って何かしら手を打たないと、明美さん家族が破綻してしまうことは目に見えています。

物件を売却しようにもローン残額が多く、売却代金からの清算ができません。担保を抹消するためには、足りない分を現金で用意しなければならず、売却は容易ではありません。ごく一部の値下がらない不動産もありますが、一般的には新築不動産は値下がり率も高く、売却しようと思ったときの売買金額が低すぎて、住宅ローンの完済ができないのです。

明美さんの親族はすでに他界。一人っ子なので、兄弟を頼れません。ご主人の両親との同居も、住宅事情から難しそうです。銀行側も支払いの相談には、いい顔をしてくれませんでした。

こうなると結局母と娘で安い賃貸物件に転居して、自宅を賃貸にしてその賃料でローンを払っていく、これがいちばん現実的でしょう。ところが10年自宅として使っていたので、人様にお貸しするためにはリフォームも必要です。今この現状でその費用をどこから捻出するか、果たして費用をかけてすぐに入居者を確保することができるか、頭の痛いところです。とりあえずリフォームにいくらかかるのか、賃料相場も合わせて検討するしかありません。

明美さんは新築マンションを購入したとき「これで家問題から解放された」と思ったそうです。でもまさかこんなことで、持ち家に縛られるとは思いもしませんでした。「こんなことなら、マンションを購入せずに賃貸にしておけばよかった」、今ではそう思っています。持ち家があることによって、身軽でいられないこともあるのです。

持ち家が負担になるのは、何も事故や病気だけとは限りません。

中高年でリストラにあってしまい、その後すぐに再就職ができず、ローンが支払えなくなった相談者もいます。

明美さんのところと一緒です。売却して賃貸に引っ越そうと思ったけれど、いざ売ろうと思うとローン残高以上には売れなかったのです。そうなるとローンは支払えない、でも売却もできないというジレンマに陥ります。売却できないなら、貸そうと思っても、それにはリフォームが必要。にっちもさっちもいかない状況になってしまいました。ちょうど子どもにもお金がかかる時期。完全にお手上げ状態です。

またリストラにまでならなくても、働き方改革で残業が減った分、収入も減額されて払えないという人も増えました。共働きを見越してローンを組んだけど、離婚や片方の収入減により、たちまち窮地に追いやられる人もいます。

さらに住宅ローンを最大限に借りている人たちは、ある程度退職金を当てにしている人も多いのですが、この不況で退職金が減額されてしまうと、収入を得る手段が減ってしまう世代で、ローンが払えなくなってしまうことにもなりかねません。

　ここしばらく、住宅ローンの金利が下がったこともあり、頭金の額が少なくても不動産を購入できるようになりました。ところが住宅ローンを利用する方の大半は、元利均等方式です。毎月の支払額が一定ですが、当初の支払いの大半は金利に充当されてしまうため、ローン残高はほとんど減りません。元本が減っていくのは、住宅ローンも終盤に差し掛かった頃です。

　一方の元金均等方式だと、毎月必ず一定額の元本が減っていきます。ただしその分毎月の支払額が高くなってしまうため、頭金をきちんと入れてローンの額を減らさない限り、希望物件は買えなくなってしまいます。そこで仕方がなく支払額が一定の、元利均等方式で物件を購入する人たちが大半なのです。

　値下がりをせず、むしろ買ったときより値段が上がる不動産もない訳ではありません。ただそれはほんの数%の物件。その物件を目利きして購入しない限り、一般的に新築マンションの値下がり率は高く、元利均等方式での購入なら、所有期間にもよりますが、ほぼ売却代金でのローン残高完済はできません。金利だって固定でない限り、上がってしまえばたちまち月々の支払額は上がり、家計を圧迫するでしょう。何か僅かなアクシデントですら、即刻路頭に迷うことにもなるのです。

もちろん何事もない人もいるでしょう。ただ人生には、ハプニングがつきもの。「あの時大変だったね」と笑える程度のものはいいのですが、不動産は額が大きいため、一度苦しくなると大きな負の財産になってしまいます。そう考えると、金利が低いとはいえ、頭金をたくさん入れるということは、最大のリスク回避になるでしょう。


また外国人の投資家が日本の不動産を購入していることもあって、想定通りの「修繕積立金」が貯まっていない分譲マンションはたくさんあります。しかも大規模修繕のときの総会時、海外投資家から委任状が取得できなければ、決議の総会そのものも成り立たないことが予想されます。決議ができないとなると、大規模修繕はできず、自身が住んでいるマンションが朽ち果てていくのを、じっとただ見ているしかできないということにもなりかねません。そうなってしまうとますます物件の価値は下がり、売りたいのに売れないという状況に陥ってしまいます。

要は持ち家だから、この先住まいに悩まされることはない、とは言い切れないということです。びくびくばかりしていられませんが、不測の事態も想定しつつシミュレーションしておくことが、逆に安心して生活していくことができる材料になるはずです。

高齢者であっても最後まで住む場所（シェルター）があるという理想

高齢者に部屋を貸したくない、この理由に「滞納されたら困るから」があります。確かに若い人ならいざ知らず、高齢の方に滞納賃料の督促をするのはストレスフルです。その上、少し認知症が入ってくれば、払っていないのに「払ったよ」と言われることもあります。若い賃借人には「払えないなら出て行って」と言えますが、行き場のない高齢者に「出て行って」と言っても、「そんな殺生な……」と泣きつかれてしまうと、それ以上前に進みにくくなります。

さらに問題なのは、仮に訴訟を提起して「明け渡し」判決を勝ち取って強制執行を申し立てても、賃借人が高齢者の場合、執行官が執行をしてくれないことです。家主とすれば賃借人が若くても高齢者でも、家賃が払ってもらえないことが問題であって、早くに退去してもらって、家賃を払ってくれる人に貸したいと思うのは当然です。

家主業はビジネスで、高齢者を住まわせてあげるボランティアではありません。ところが執行官からすれば、執行で部屋から追い出した後、高齢者はホームレスとなって生きていけないでしょう？　ということで執行不能とする可能性が高いのです。何歳からは執行できないという線引きはありません。執行官が個々に賃借人を判断して決めていきます。

健常ならいいのですが、病弱で横になっているような高齢者だと、確実に執行はしてもらえません。家主側で賃借人の次の住処を探して、そちらの方に強制執行で連れていってもらう、私が経験したのはすべてこのパターンでの解決でした。

ただでさえ高齢者という年齢だけで入居を拒まれてしまう世の中で、まして今の部屋の賃料を滞納しているとなると、誰が部屋を貸してくれるでしょうか。一方で家賃を払ってもらえないのに、裁判をしても、強制執行を申し立てても、退去してもらうことができないとなれば、家主の負担はいかばかりでしょうか。

賃借人が入院等で任意明け渡しがない限り、次の人に部屋を貸すこともできず、家賃も入らず、家主としてはどうしようもない状態が続きます。

こういうことがあると、高齢者以外にも借り手がいるような物件であれば、高齢者予備軍を入居させたくない、入居申し込みがあっても拒否してしまうという実情は、仕方がないことかもしれません。

高齢者にも部屋を貸して欲しいと願うのであれば、万が一のときにも高齢者を退去させられる安心感が必要です。たとえば国はシェルターなり、住む場所を失った高齢者の一時受け入れ先を準備すべきです。国が、行政が引き受けます、という受け皿（安心感）があれば、滞納しても若い人たちと同じように、強制執行で退去してもらうことができます。逆にこのような基盤がないと、ますます民間の家主は、高齢者の受け入れを拒否してしまうでしょう。

人口がどんどん減っていっている中、空き家となった団地や寮、廃校となった学校などを利用して、国や行政は各地に行き場を失った高齢者や住宅確保要支援者の人たちのためのシェルターを整備して欲しい、そう願ってやみません。

家主側のリスク回避をどうするか

家主にとって高齢者を入居させる上でのいちばんのリスクは、孤独死でしょう。孤独死は場合によっては、物件の価値を下げてしまうことになりかねません。とにかく危ないと思えば病院に搬送する、もしくは早期に発見してあげられる、その体制を整えることが最大のリスク回避となるでしょう。

そのためには入居者本人とのコミュニケーションを欠かさないことが、いちばんです。家主自身か管理会社か、または物件の別の入居者か、ケアマネージャー等々、とにかく高齢者との接触を増やすことです。いつも接触していれば、些細な変化に気が付けることにも繫がります。

入居者を孤立させてはいけない、これは高齢者だけでなく外国人や精神疾患を抱えた賃借人にも言えることでしょう。80%以上の家主も事業者も、これからの賃貸経営は医療系や福祉系の法人や団体等とのネットワーク構築が必要と考えているようです。

入居者を孤立させないのと並行に、万が一のときにいち早く気が付ける環境も必要です。家主も事業者も費用のかかる「見守り」サービスよりは、行政機関による定期訪問等を望んでいるという回答でした。まずはお国がやってよ、ということでしょうか。確かにそれも必要だと思います。

ただ行政機関の訪問等となると毎日は難しいので、長期間気づかれなかったという致命的な事故物件にしないためにも、民間の見守りサービスも検討したいところです。

現在「見守り」サービスは、さまざまなものが出回っています。警備会社のものや、センサー付きの電気や電気ポットと連動しているもの、カメラもあります。

ところが高齢者にとって重要なのは、費用も安く使い勝手もシンプルであること、これに尽きます。高齢者の場合、テレビが映らないといったことでも、ただ単にコンセントが抜けているだけのことが多いのです。

エアコンのリモコンも、電池切れに気が付かないこともあります。私たちからすると「それくらいのこと？」と思ってしまいますが、それが現実です。

とにかく見守りに何かを設置しなければならないものは、倒れたり引っかけたり、電源から抜けたり、機能しなくなる可能性があるので、注意しましょう。また見守られている方に、監視されているといった意識を持たれてしまうと、協力を得られなくなる原因となります。カメラやセンサー等の機能があるものもいいのですが、「見張られている」と感じやすくなるので、入居者とよく話し合うことが必要です。

見守りは、基本費用がかかります。その費用を誰が負担するかも問題です。入居者が「不要」と言い張れば、賃借人への負担はなかなか強制できなくなってしまいます。いちばん良いのは、家主の少額負担でシンプルな見守りができることだと思います。たとえば電気がついていない、もしくはつけっぱなしになっているという異常を感知すれば、メールが飛んでくるという電球も出てきました。電球なら、見張られている感はありませんし、どの家庭でも必ず使うものです。特別感はありません。

従来通り電球をソケットにはめ込む、それ以外何も作業はいりませんし、器具も不要です。部屋の中でいちばん使う場所だけその電球に替えれば、いち早く異常を察知することができます。その上月額費用も安価なので、家主側のリスク回避にはもってこいかもしれません。

もっとシンプルなところで言うと、賃借人が毎日同じ時刻に、家主の携帯にワン切りする、という手法をとっている家主もいます。たとえば、Aさんは9時、Bさんは9時半といったようにです。

いつも同じ時間にワンコールだけあるということで、大丈夫という確認と、認知症をいち早く察知するということにもなるそうです。いつもきちんとワンコールある人が、急に忘れるようになった、時間がズレるようになった、そうなると会いに行って確かめるということでした。もっともお金のかからないシンプルな手法ではありますが、血の通ったコミュニケーションだと思います。

器具を使う、使わないは別として、それぞれにやり方は無限にあるはずです。とにかく孤独死させない、亡くなってもすぐ見つけてあげられる、その環境を整えていくことが、これからの超高齢化社会には絶対的に必要なことです。

また身寄りのない入居者が亡くなった後の荷物の撤去費用、これを家主が負担しないようにするために各種保険も出てきました。ただもっとも重要なこととして、入居者自身がどう考えているのか、よく話し合っておくことでしょう。

万が一のときの荷物の処理代を、月々の家賃とは別に徴収して、積み立てている家主もいます。最期までここに住みたいという入居者の希望に添うための、折衷案です。もしなんらかの理由で転居するときには全額返金する、ということで月々1000円を徴収しているとのことでした。

人は必ず死ぬという大前提の中で、借りる側も少しでも迷惑をかけないようにどうしたらいいか、それぞれの叡智が試されていく時代ではないでしょうか。

新たな住宅セーフティネット制度

２００７年、国土交通省は「住宅確保要配慮者に対する賃貸住宅の供給の促進に関する法律」を制定しました。これは住む場所が得られにくい高齢者、障がい者、子育て世代が、民間の賃貸住宅を借りやすくするためにできたものです。簡単に言うと、これから増えるであろう空き家と、貸してもらえにくい人たちをマッチングしようというものです。

ところが現場とかけ離れすぎていたため、全く利用されず浸透しませんでした。

そこでさらに２０１７年10月から、「新たな住宅セーフティネット」としてスタートしたのです。

まず家主が住宅確保要支援者の人たちに部屋を貸してもいいと思えば、物件を都道府県等に登録します。部屋を借りられない人たちは、地域の居住支援法人や居住支援協議会等の窓口で、登録した物件の斡旋を受けられるというものです。空室で困っている家主にとっても、「入居者を確保できるのでウィンウィンだよね」というのがこの制度の根源です。ところが今現在、登録件数は全国で９３１件、総登録戸数はたったの１万２６２３件だけです（２０１９年10月23日調べ）。

調査の結果も、「登録している」という業者は３・１％、家主もたった２・９％しかいません。家主で「分からない」「今後も登録する予定はない」を合わせるとなんと88・８％でした。この要因を、国土交通省はどう受け止めているのでしょうか。

そもそも登録には、耐震性があること、住居の床面積が25㎡以上等の条件が必要となります。ここでハタと考えこんでしまいます。世の中で新耐震以降（耐震基準を満たしている）の建物に住んでいる人が、どれだけいるのでしょうか。

新耐震と言えば、１９８１年６月１日以降の建築確認において適用されている基準です。震度６強〜７でも倒壊しないとされています。確かに住む方は安心かもしれませんが、一方で耐震性を高めている物件は、おのずと賃料も高額となってしまいます。

新耐震の基準に合わせるために、登録住宅はリフォームの資金融資や補助を受けられますが、旧耐震の建物の耐震性を高めるのに、いったいどれだけの費用がかかるでしょうか。家主の持ち出しの費用は、相当な額（数百万単位）になります。とてもじゃないけれど、その改修費用の回収は、そう簡単にできません。まして安価なワンルームだと、25㎡ない部屋が大半です。そもそも登録の基準から外れています。

要支援者の方だから、基準を満たしてなくてもいいじゃないか、というつもりは全くありません。ただ一般の方々も新耐震に住んでない人もたくさんいる中で、基準をそこにしてしまうとさらに利用されなくなってしまいます。

まずは本当に住まいを確保したい人に、住居を提供できることが先決。借りる側も「新耐震でなくても、今にも崩れ落ちそうな建物でなければ貸して欲しい」「狭くても構いません」、そう思っている人はたくさんいるのではないでしょうか。

家主の「登録物件とするための基準等をクリアするのが大変だから」に31・4%という数字。この数字を真摯に受け止めていただきたいと願ってしまいます。

ここまでの調査で分かるように、家主はボランティアで物件を貸しているのではありません。さまざまなリスクを抱えているのです。その中で要支援者の方々に「貸してもいいよ」と登録してもらうには、かなりハードルを下げる必要があると思います。

リスクもあるかもしれないけれど、空き家も増えるしどうしようかなとなって初めて、家主も検討を始めるのではないでしょうか。

条件よりも一人でも多くの方々に、住居が提供されることが重要と考えるのは間違っているのでしょうか。

むしろこのような条件より、高齢者に部屋を貸す家主に対して、シンプルに確実に一定額の補助がある、こういったことの方が「貸そうかな」と思ってもらいやすいのではと感じてしまいます。またこの制度は登録してしまうと、若い人が「借りたい」と申し入れがあったとしても貸せなくなります。機会損失の可能性も高いとなると、やはりハードルが高くなってしまうのは仕方がないことだと思います。

日本人全員が自立する

貸す側だけに求めるのではなく、借りる側も意識を変えていかねばなりません。

今までの日本は、高齢者を家族や親族が支えてきました。だから一生懸命に生きてきて、高齢者になれば身を委《ゆだ》ねていれば良かったのです。ところが核家族化が進み、家族関係が疎遠になり、家族はいるけれど長年連絡も取っていないという人も増えました。先にも書きましたが、骨壺だって置き去りにされてしまう時代です。自分の亡くなった後のことをどうするか、若いうちから個々が考えていかねばなりません。

小学2年のときに、父親が失踪してしまったという女性がいました。父親は他人の連帯保証人になり、それが理由で多額の借金を背負い、自宅にまで借金取りが連日押し寄せ、そして気が付いたら父親がいなくなってしまったのです。それ以来、一度も会ってもいないし、連絡も取っていないということでした。

ある日、彼女の元に役所から「お父さんが亡くなりました」という連絡が入り、動揺して事務所に相談に来られました。

借金で逃げたお父さんだし、家族の前から消えて40年も経っています。「怖いから相続放棄したい」というのが、彼女のリクエストでした。同時に役所との連絡も、自分ではしたくないということで、私が代わりに打合せしたのです。

その時に役所の方からお聞きした、お父さんの最期があまりにも見事でした。

借金取りから家族を守るため、離婚届を置いて失踪したお父さん。亡くなる直前は、生活保護を受給されていました。

質素に暮らし、その中から貯めたお金で納骨、永代供養の費用まで、先に納めていたとのこと。癌に侵され、もう厳しいかなと思われたとき、ご自身で荷物を全部廃棄し、部屋を片付け、家主に鍵を返し、風呂敷に数枚の下着を包み、それだけで病院へ。たった2日の入院でお亡くなりになったそうです。

役所の方も、「こんな最期をされる方は珍しいです」と驚いてらっしゃいました。さらにお父さんは、遠い昔に別れた娘のために、コツコツ貯めた貯金と手紙を残していました。その手紙には、自分のせいで辛い思いをさせたことを詫び、それでも一度も家族を忘れたことはなかったと。質素に質素に暮らし、毎月数千円ではありましたが、僅かな収入の中から貯めていかれたのでしょう。

長年「自分は捨てられたんだ」と父親を恨んでいた彼女は、今ではお墓参りにも毎年行き、本当に父親の愛情に包まれていたのだと実感しているそうです。

自分の後始末、ここまでできるでしょうか、正直私は自信がありません。こんなに迷惑をかけずに準備ができる人は、そういないのではないでしょうか。おそらく家族を愛していながら、仕方なく連帯保証人になったことで家族に迷惑をかけてしまったという自責の念から、ここまでのことができたのだと思います。もともと誠実で優しい方だったのでしょう。

家族関係が疎遠になりつつある今、ご家族がきちんと後始末をしてくれる方はいざ知らず、自分の最期も自分で責任を持つくらいの思いがあった方がいいかもしれません。ひと昔前の日本は、家督相続だったので、「家」を相続する、長男が相続するという共通認識で争いも少なかったはずです。ところが昭和・平成と法定相続が浸透し、それぞれが自分の権利を主張するようになりました。そのため裁判所での相続の争いは、急増したのです。

それでも日本人が遺言書を書くということは、まだまだ当然とはいきません（だから〝争族〟となるのですが）。ましてや賃貸物件に住む単身者となると、遺言書を書くという発想すらないかもしれません。しかしながらそれではやはり無責任過ぎます。荷物を残されたまま亡くなってしまえば、その後始末にお金もかかるし手間もかかります。貸してくれた家主に多大なる負担もかけてしまいます。先のお父さんのようにできないなら、せめて少しでも迷惑がかからないようにしておくことは、賃貸に住むという前に、人として必要なことではないでしょうか。

2020年7月から、自筆証書遺言を法務局で預かってくれることになりました。たとえば賃貸に住む単身者は、自分が亡くなったときの荷物をどうするか、遺言執行者（たとえば家主か管理会社）も指定しておけば、ずいぶんトラブルは防げることにもなるはずです。

資産がある人だけでなく、資産のない人も迷惑をかけないように遺言書を作成しておく、これからは絶対的に必要なことだと思います。

誰かが何とかしてくれる、身内が高齢者を看るそんな時代は過ぎました。超高齢化社会に突入する日本は、第三者に看てもらわねばなりません。介護だったり住まいだったり、誰かの助けを必要とするならば、自分で自分の後始末の準備をする、この心構えは必要です。

「住活」は自分の人生に責任を持つということ

「終活」とともに「住活」という言葉も使われるようになってきました。数々の高齢賃借人と関わってきて感じることは、１００年時代と言われようとも、人は判断能力も含めて確実に衰えていくということです。アクティブシニアも増えましたが、一般的には70代になってしまうと、体は元気であっても、面倒なことは避けたいと考えがちです。そのため60代での住活を、私は推奨していきたいと思っています。

まず60代で自分の収入を確認し、仮に80歳、90歳まで生きたとしたら、毎月使えるお金はどれくらいか確認します。その上で優先することもよく検討して、いったい生活費にいくら必要か計算してみます。そうすればおのずと、家賃にかける金額が明確になるでしょう。

払っていける家賃が分かれば、自分がどこに住むかも決めていかねばなりません。同じ家賃でも、場所によって広さも含めずいぶん変わってくるからです。おおよその広さも分かれば、そこに引っ越すために荷物の断捨離をして、おそらく自分の最期まで住めるであろう築年数の物件に、70代になるまでに最後の引っ越しをする、これがいちばん安全な方法です。

後は家賃でずっと賃料を払うのは大変だからと、安い空き家を購入して引っ越する、地方に移住する、ホームに入所するという選択肢もあるかもしれません。

私がまだ30代の頃、60歳の女性の自宅を売却するということで、登記手続きを担当したことがあります。ご主人が残した一戸建てから、介護付きのマンションに引っ越すということでした。

「早すぎませんか？」と言うと、その女性がこう言ってくれたのです。

「太田垣さんはまだ若いから分からないかもしれないけれど、老いっていろんなことが億劫になって、できなくなってしまうのよ。判断能力もそのひとつ。私はまだはっきりしている間に、この先の人生プランを立て直したの。先々、衰えた頭で判断したり、衰えた体で引っ越し作業なんてしたくないのよ。ましてや追い払われるように転居させられるだなんて、まっぴらごめん。子どもにも頼りたくないの。だから決断したのよ。これから私は、住まいに関して何も心配せず、人生を楽しむことだけ考えて生きていけるの。だから今が最高のタイミングなのよ」

大きなお屋敷を維持することの大変さや、広い場所に住む怖さ、何かあったときにサポートが得られる安心さを教えてくれました。

その時には、この言葉を聞いても納得はするものの、「そんなに焦らなくても」と思いました。あれからずいぶん時間が経ち、実親が70代で引っ越しして大変だったことも目の当たりにし、寿命は延びても転居は早めにしなければいけないのだなと実感したのです。

今仕事として賃貸トラブルの現場にいると、困り果てている高齢者は、頭では分かっている、でも自分ではどうしようもない、そんな人たちばかりです。年齢とともに気力も、体力も、知力も、そして経済力も衰えてしまって、身動きが取れなくなってしまったのでしょう。この女性のように、自分の人生は自分で責任をとる、その心構えがこれからの日本人には必要なのだと思います。

人は必ず死んでいきます。死に向かって生きています。日本人はとかく「死を話題にするのは、縁起でもない」と言いますが、死を考えることは、生きることを考えること。これからどう生きていきたいのか、どうしたいのか、死があるからこそ考えられるのです。

住まいは、人の生きる基盤。自分が安らげる場でもあります。その場を提供してもらう以上、借りる側も迷惑をかけることを最小限にする工夫と準備は必要です。
国は高齢者に部屋を貸す家主に補助金を支給するなり、「高齢者に貸してもいいか」と思ってもらえる策を構築して欲しいし、古い時代の法に縛られるのではなく、終身の契約を無条件に認めることも求められています。賃貸借契約が相続されなくて困る人がでないように、賃借人に相続する、相続しないで終了すると選んでもらうようにすることが、どれだけ賃借人に不利なことでしょうか。核家族が増えた今、借りるときに終身契約を自由に選べる、そんな選択肢があっても良いのではないでしょうか。そして司法の場も、滞納した場合には高齢者でも退去してもらうことも当然で、その代わりシェルター等の受け皿を準備することも急務でしょう。

それでも万全ではありません。日本は認知症の発症率が、諸外国に比べ、圧倒的に高いのです。認知症になりたくないと思っていても、こればかりはなかなかコントロールするのは難しいことかもしれません。ただある日突然に、完全に判断能力が無くなる訳ではありません。怪しいなと思えば、地域包括支援センター等に相談する知識も必要です。

高齢者が支援を受けられるサービスはたくさんありますが、高齢になってから調べようと思っても難しすぎて「必要な人に必要なサービスが提供されていない」という状況になりかねません。まだ元気なうちに、どのようなサービスがあるのか、自分できちんと把握しておくことも良いでしょう。

どれだけ気を付けていたとしても、自分の寿命も分かりません。地域の人たちと関わって、「あれ、最近見かけないわね」と気づいてもらう関係性を築くことも重要です。部屋で亡くなったとしても、すぐに発見してもらえばいいのです。「町内会参加はセーフティネットだ」と言った方もいましたが、まだ若いうちから地域の催しに参加したり、積極的に社会と繋がっていきましょう。

貸す側も、入居者とコミュニケーションをとることも含め、万が一のときに早く見つけてあげる方法を模索していきましょう。新聞を購読し、ポストの溜まり具合を報告してもらう方法もあります。高齢入居者に、物件の掃除等の管理をアルバイトでお願いすれば、他の入居者からの「見かけません」の声も期待できます。

見守り器具も、たくさん出回ってきました。費用と相談しながら、工夫次第でいくらでも方法はあるはずです。

高齢者が増える日本は、高齢者との共存を早急に模索していかねばなりません。孤独死は、賃貸物件だけの問題でもありません。一人住まいであれば、誰にでも降りかかってくる話です。

分譲マンションに住み、管理費が自動引き落としの場合、部屋の中で倒れていても誰が気づいてくれるのでしょう。個々で工夫していくしかありません。そして社会も、高齢者を受け入れる体制を整えていかねばなりません。

賃貸であろうと持ち家であろうと、人が最期まで安心して住める環境と社会。未知の世界に、私たちは立ち向かっていこうとしているのです。

おわりに

賃貸トラブルに携わった頃、高齢者はほとんどいませんでした。ところがこの17年ほどで世の中は激変していきました。この数年、受ける案件の5分の1ほどは、高齢者です。当時50代だった賃借人が、高齢者の仲間入りをしてきたのでしょう。

関わる高齢者は悪質というよりは、分かっているけど動けない、そんな人たちです。当初私は「今までどんな生き方をしてきたのだろう」と、少なくとも困っている彼らに対して否定的な思いを抱いていました。比較的豊かな環境で育ってきた私には、理解できないことが多すぎたのです。

ところが自分も歳を重ね、たくさんの高齢賃借人と接していく中で、これは乗りかかった舟、一緒に動いてあげないと解決しないのだな、そう分かるようになってきました。

何度、高齢賃借人と次の部屋探しのために、一緒に不動産会社の案内の車に乗ったことでしょう。受け入れ先の物件を探すために、何件の電話をかけてきたでしょう。自分が司法書士だからとか業務だからとか、そんな堅苦しいことは超えて、ただのお節介な人として関わってきた気がします。

無事に転居でき、何度も「新居に遊びにきてな」と言ってくれるおじいちゃん。「あや先生のおかげだわ」と言ってくれるおばあちゃん。お酒を呑んで怒鳴り散らすおじいちゃん。やっと話し出せたなと思ったら、体調不良を訴えてドアを閉めてしまうおばあちゃん。怒鳴られ続けると英気も吸い取られますが、終わった後はどの案件もいい思い出です。

とは言え、感傷に浸っている余裕はありません。私自身もおひとりさまの賃貸生活。ライフスタイルの変化に対応しやすいので、当面賃貸生活は続きます。今はまだ何かあれば、事務所のスタッフが駆けつけてくれるでしょう。でもいつの日か、第一線を引く時がきます。今から自分の行く末を、考えておかねばなりません。

このまま賃貸物件に住み続けるのか、それともどこかで借りられなくなる前に購入するのか。どちらにしても、これからの時代、断捨離と住活は絶対的に必要なのでしょう。

身軽でいるためには、荷物は最小限に。私も少しずつ、荷物の整理をし始めました。「まだ早い」と言われますが、まだ体力と気力がある今だからこそ、断捨離もできるのだと思います。

賃貸の現場で会う高齢者は、皆口をそろえて言います。「やらなきゃいけないと分かっていても、もう動けないんだよ」「もう好きにしてよ」。その年になれば、これが真実なのでしょう。

人生100年、今までのように親族が面倒をみる余裕がなくなってきた時代です。自分のことは自分で責任を持つ。全国民が「自立」しなければならないのだと思います。

そのひとつとして、少しでも迷惑をかけないように、「自分なりに工夫する」。この意識が必要なのでしょう。2020年7月、法務局で自筆証書遺言を預かってくれるサービスが始まります。「遺言書はお金持ちが作るもの」ではなく、全国民が準備するものだと私は考えています。自分の亡き後始末をどうしてもらうのか、クリアな頭のうちに準備し、少しでも迷惑をかけない心構えが必要だと思います。

『家賃滞納という貧困』を2019年2月に上梓しました。決して滞納している人を、擁護しようとした訳ではありません。ただ責めたところで何も解決しないということを知っていただきたかったのです。「こんな世界があったんだ」、たくさんの声をいただきました。

滞納は決して許されるものではありません。ただ滞納になってしまう背景も、やはり考えていかねばならないことです。滞納が増えれば、破綻する家主も出てきます。賃借人も部屋を追い出されてしまえば、履歴書も書けず、求職活動もままならなくなります。だからこそ、滞納させてはいけないのです。そのためにどうすればいいのか……。

家賃を払えないことを責めるのではなく、払える社会に変わっていかないと社会保障費は増える一方です。これは他人事ではなく、全国民の課題ということに早く気付かねば、日本は大変なことになってしまいます。

同時に高齢者の問題も、明日は我が身です。自分の人生は、自分で責任を持たねばなりません。

物より「助けて」と言える人脈を財産とする、身軽になっておく、そして把握するのです。自分の資産がいくらで、この先の医療費も含めてどれくらいの費用が必要で、月どれくらいが使えるのか、まずはしっかり可視化することです。その上で、自分の年齢、家族構成、環境を考慮して「住活」する。「その時がくれば……」は、もう動けなくなる時です。せめて60代で、残りの人生の再設計をする、これが必要なのだと賃借人から私は学びました。

人は大なり小なり人に迷惑をかけながら生きる生き物です。それを受け入れる社会であって欲しいと思います。同時に、全国民が最期まで安心して生活していけるように、1日も早い制度の改正を願いつつ本書を世に送り出したいと思います。

最後になかなか筆が進まない私を、気長に見守ってくれたポプラ社の碇さん、いつも伴走してくれるアップルシード・エージェンシーの宮原さん、そしていつもながら執筆のために実務を背負ってくれた事務所のスタッフ、アンケートに協力してくださった方々、さらに対談を快く引き受けてくださった熊切伸英さんと菅井敏之さん、さらにさらにいつも応援してくださっている関係者の方々、本当にありがとうございます。心から感謝しつつ、恩返しは仕事でさせてください！

この先も、自分の使命を噛みしめつつ、何ができるのか、何をすべきなのか、模索しながら日々精進していきたいと思います。一人でも多くの、志を同じくする仲間が増えることを願って……。

太田垣章子

太田垣章子

おおたがき・あやこ

章《あや》司法書士事務所代表、司法書士。

30歳で、専業主婦から乳飲み子を抱えて離婚。シングルマザーとして6年にわたる極貧生活を経て、働きながら司法書士試験に合格。登記以外に家主側の訴訟代理人として、延べ2300件以上の家賃滞納者の明け渡し訴訟手続きを受託してきた賃貸トラブル解決のパイオニア的存在。トラブル解決の際は、常に現場へ足を運び、訴訟と並行して賃借人に寄り添ってきた。決して力で解決しようとせず滞納者の人生の仕切り直しをサポートするなど、多くの家主の信頼を得るだけでなく滞納者からも慕われる異色の司法書士でもある。

また、12年間「全国賃貸住宅新聞」に連載を持ち、特に「司法書士太田垣章子のチンタイ事件簿」は7年以上にわたって人気のコラムとなった。他にも大成ユーレックや三井不動産をはじめ、各ハウスメーカーが発行する家主向け会報誌に、相続問題や賃貸トラブルの解決・予防に関する記事を年間30本以上寄稿。さらに、年間60回以上、計700回以上にわたって、家主および不動産管理会社の方向けに「賃貸トラブル対策」に関する講演も行う。また自身の経験から、シングルマザー向けのコラムも担当。貧困に苦しむ人を含め弱者に対して向ける目は、限りなく優しい。

著書に『2000人の大家さんを救った司法書士が教える　賃貸トラブルを防ぐ・解決する安心ガイド』(日本実業出版社)、『家賃滞納という貧困』(ポプラ新書)などがある。

【章《あや》司法書士事務所】http://www.ohtagaki.jp
【あやちゃん先生のひとり言】https://ameblo.jp/ohtagaki
【あやちゃん先生の賃貸お悩み相談室】https://www.onayami.co.jp/

著者エージェント　アップルシード・エージェンシー
カバーデザイン　bookwall
帯写真　PIXTA(ピクスタ)
編集協力　熊本りか

本書で紹介されている事例はすべて、個人が特定されないよう
変更を加えており、名前は仮名となっています。

ポプラ新書
183
老後に住める家がない！
明日は我が身の〝漂流老人〟問題
2020年1月8日 第1刷発行
2020年1月24日 第2刷
著者
太田垣章子
発行者
千葉 均
編集
碇 耕一
発行所
株式会社 ポプラ社
〒102-8519 東京都千代田区麹町 4-2-6
電話 03-5877-8109(営業) 03-5877-8112(編集)
一般書事業局ホームページ www.webasta.jp
ブックデザイン
鈴木成一デザイン室
印刷・製本
図書印刷株式会社

N.D.C.916/238P/18cm ISBN978-4-591-16594-2

P8201183

生きるとは共に未来を語ること 共に希望を語ること

昭和二十二年、ポプラ社は、戦後の荒廃した東京の焼け跡を目のあたりにし、次の世代の日本を創るべき子どもたちが、ポプラ(白楊)の樹のように、まっすぐにすくすくと成長することを願って、児童図書専門出版社として創業いたしました。

創業以来、すでに六十六年の歳月が経ち、何人たりとも予測できない不透明な世界が出現してしまいました。

この未曾有の混迷と閉塞感におおいつくされた日本の現状を鑑みるにつけ、私どもは出版人としていかなる国家像、いかなる日本人像、そしてグローバル化しボーダレス化した世界的状況の裡で、いかなる人類像を創造しなければならないかという、大命題に応えるべく、強靭な志をもち、共に未来を語り共に希望を語りあえる状況を創ることこそ、私どもに課せられた最大の使命だと考えます。

ポプラ社は創業の原点にもどり、人々がすこやかにすくすくと、生きる喜びを感じられる世界を実現させることに希いと祈りをこめて、ここにポプラ新書を創刊するものです。

未来への挑戦!

平成二十五年 九月吉日　　株式会社ポプラ社